AF881821

essentials

Essentials liefern aktuelles Wissen in konzentrierter Form. Die Essenz dessen, worauf es als „State-of-the-Art" in der gegenwärtigen Fachdiskussion oder in der Praxis ankommt. *Essentials* informieren schnell, unkompliziert und verständlich

- als Einführung in ein aktuelles Thema aus Ihrem Fachgebiet
- als Einstieg in ein für Sie noch unbekanntes Themenfeld
- als Einblick, um zum Thema mitreden zu können

Die Bücher in elektronischer und gedruckter Form bringen das Fachwissen von Springerautor*innen kompakt zur Darstellung. Sie sind besonders für die Nutzung als eBook auf Tablet-PCs, eBook-Readern und Smartphones geeignet. *Essentials* sind Wissensbausteine aus den Wirtschafts-, Sozial- und Geisteswissenschaften, aus Technik und Naturwissenschaften sowie aus Medizin, Psychologie und Gesundheitsberufen. Von renommierten Autor*innen aller Springer-Verlagsmarken.

Avgustina Stanoeva

Klinische Kunsttherapie

Projektarbeit

Springer

Avgustina Stanoeva
München, Deutschland

ISSN 2197-6708 ISSN 2197-6716 (electronic)
essentials
ISBN 978-3-658-52252-0 ISBN 978-3-658-52253-7 (eBook)
https://doi.org/10.1007/978-3-658-52253-7

Die Deutsche Nationalbibliothek verzeichnet diese Publikation in der Deutschen Nationalbibliografie; detaillierte bibliografische Daten sind im Internet über https://portal.dnb.de abrufbar.

Springer ist ein Imprint der eingetragenen Gesellschaft Springer Fachmedien Wiesbaden GmbH und ist ein Teil von Springer Nature.
Die Anschrift der Gesellschaft ist: Abraham-Lincoln-Str. 46, 65189 Wiesbaden, Germany

Was Sie in diesem *essential* finden Können

Die Entwicklung einer institutionellen Projektarbeit der Kunsttherapie kann sehr vielfältig sein. Diese Arbeit bietet

- Überblick über die verschiedenen Wege zur Projektkonzeption an Institutionen
- Strukturierten Leitfaden bei Planung und Durchführung von Praxisprojekten
- Wertvolle Beispiele aus der Praxis der klinischen Kunsttherapie

Competing Interests Der/die Autor*in hat keine relevanten Interessenskonflikte im Zusammenhang mit dieser Publikation.

Inhaltsverzeichnis

Einführung

1

Die Brücke zwischen Kunst und Psychologie erweitert sich stets durch das gemeinsame Interesse an den Tiefen der menschlichen Seele. Als ein Weg, der Empathie fördert und emotionales Eintauchen ermöglicht, sucht die bildende Kunst nach Berührungspunkten mit den Traditionen verschiedener Paradigmen. Mit ihrer Sensibilität und Durchlässigkeit bewegen sich die Künstler*innen oft in Grenzbereichen und erfassen die feinen Nuancen zwischen den extremen kategorialen Differenzierungen. Die Psychologie zeigt ebenfalls ein zunehmendes Interesse an Bildern als nonverbale Expression, die verschiedene seelische Erfahrungen näherbringen. Einst „Bildnerei der Geisteskranken" genannt, beeindrucken die Werke der Prinzhorn'sSammlung als ein einmaliger Beleg für Psychiatriegeschichte der letzten 200 Jahren. Diese Auslese archivierter außergewöhnlicher Kunstwerke, die wir dem Interesse von Hans Prinzhorn an Kunst zu verdanken haben, leistete einen wichtigen Beitrag und entfachte anhaltende Neugierde (Brand-Claussen & Röske, 2008). Aus dem lebendigen Zusammenspiel heraus wuchs nachfolgend die Kunsttherapie an der Schnittstelle zwischen Kunst und Psychologie und bereicherte diese, dem ersten Anschein nach, konträre Beziehung.

Heutzutage wird Kunsttherapie ambulant, tagklinisch und stationär im klinischen, rehabilitativen, präventiven und palliativen Setting eingesetzt. Derzeit wird sie als ein wichtiger Bestandteil multimodaler Behandlungen in vielen Kliniken angewendet, insbesondere in der Psychiatrie, Psychosomatik, Neurologie, Onkologie und Geriatrie sowie in Rehabilitationseinrichtungen.

Die Projektarbeit war für die Entwicklung der Kunsttherapie als eine junge Profession von grundlegender Bedeutung, besonders für ihre Etablierung im klinischen Bereich, denn sie wurde oft von Pionier*innen initiiert. Während in den 70- er bis in den 90er-Jahren des letzten Jahrhunderts künstlerische Projekte an der Psychiatrie nur dank dem besonderen Interesse denkbar waren (vgl. Lucas et al.,

A. Stanoeva, *Klinische Kunsttherapie*, essentials,
https://doi.org/10.1007/978-3-658-52253-7_1

1994) und von Künstler*innen ohne therapeutische Erfahrung begleitet wurden, ist die Kunsttherapie aktuell ein unabdingbarer Teil der multiprofessionellen therapeutischen Behandlung. Das Interesse ist gegenseitiger Natur, denn es waren die außergewöhnlichen Persönlichkeiten hinter den Institutionen, die die Tür der Psychiatrie für die Kunst öffneten. Noch vor dreißig Jahren war die Zielsetzung solcher Projekte, gewohnte oder eintönige Abläufe der Psychiatrie durchzubrechen. Später stand mehr die Suche nach expressiven Ausdrucksmöglichkeiten sowie nach Erleben von Freiheit, Spontanität und Selbstwirksamkeit von psychisch erkrankten Menschen im Vordergrund. In der Entwicklung der Kunsttherapie als eigenständige Profession werden vermehrt die evidenzbasierten und wissenschaftlich fundierten Ansätze essenziell, weshalb immer mehr Forschung durchgeführt werden sollte. Dies unterstreicht erneut die Relevanz des Beistands seitens der Psychiatrie als institutioneller Partner für einen jungen Beruf wie die Kunsttherapie, der sich noch behaupten soll.

Die Projektarbeit in den Kliniken unterscheidet sich deutlich von der regulären kunsttherapeutischen Praxis. Während die klassische klinische Kunsttherapie meist in einen kontinuierlichen und klaren Behandlungsprozess eingebettet ist, verfolgt die Projektarbeit einen zeitlich begrenzten, thematisch fokussierten Ansatz unterschiedlicher Zielsetzung. Abb. 1.1 bietet einen Überblick über die verschiedenen Wege, wie ein Praxisprojekt entstehen kann. Projekte können sowohl im Rahmen der klinischen Tätigkeit der Kunsttherapeut*innen an einer Institution entstehen als auch für die Bedürfnisse einer Zielgruppe speziell konzipiert und Objekt der Forschung werden. Oft kann die Projektarbeit als Störfaktor zu gewohnten Abläufen erscheinen, daher sollten die Parteien große Flexibilität diesbezüglich zulassen. Ein Kunstprojekt kann schnell ein Eigenleben entwickeln sowie einen neuen Raum erschaffen, der parallel zum stationären Alltag existiert, dennoch unterstützend wirkt. Dies macht es heute absolut notwendig, alle Berufsgruppen eines interdisziplinären Teams der jeweiligen Institution bei der Planung eines Projekts miteinzubeziehen und gleichermaßen zu begeistern.

Die Konzeption und die Durchführung eines eigenständigen kunsttherapeutischen Projekts stehen im Mittelpunkt des Masterstudiums der Kunsttherapie und stellen die Studierende vor großen Herausforderungen. Die Planung einer Projektarbeit bedarf die Suche nach einer passenden Institution sowie die Anpassung der Konzeption an die jeweiligen Rahmenbedingungen, da die klinischen Schwerpunkte oft große Abweichungen aufweisen. Der Kontakt zu verschiedenen Institutionen entsteht in der Regel über gezielte Anfragen interessierter Personen, die eine Projektidee haben. Nicht selten entsteht der Kontakt durch Kooperationen und Partnerschaften zwischen Institutionen wie Hochschulen und Krankenhäusern oder durch kunsttherapeutische Netzwerke.

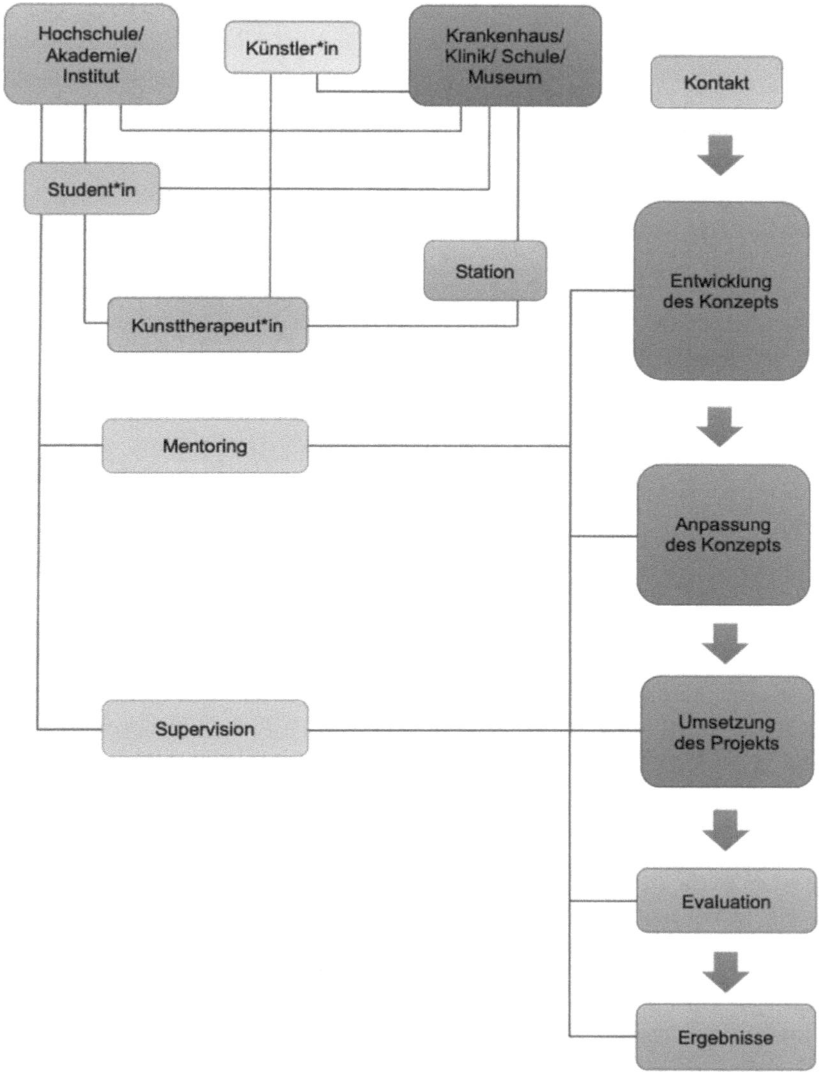

Abb. 1.1 Überblick über die verschiedenen Wege zu einer Projektarbeit

Wenn sich die Idee für ein Projekt an einer Institution intern entwickelt, könnte es eine Initiative der Station oder der Kunsttherapeut*innen selbst sein. Dabei könnte ein bestimmter Wunsch oder eine konkrete Zielsetzung im Fokus stehen. Auch das Kennenlernen oder das Ausprobieren einer besonderen künstlerischen Technik könnte für die Patient*innen sehr hilfreich sein und im Vordergrund eines Projekts stehen, wodurch auch externe Künstler*innen involviert werden können.

Oftmals wird ein Projekt von außen initiiert, indem eine Anfrage an die Klinik eingeht. Diese könnte sowohl von einer anderen Institution wie Hochschule und Ausbildungsinstitut kommen als auch von einer einzigen Person initiiert werden, meistens sind es Studierende und Auszubildende. Natürlich ist der finanzielle und zeitliche Aufwand bei solchen Projektarbeiten während des Studiums nicht belanglos. Aus diesem Grund sollten Faktoren wie Materialkosten oder Fahrtzeiten gut in der Planung berücksichtigt werden, unter Umständen können auch Fördermittel beantragt werden, was das Vorantreiben des Projekts natürlich zusätzlich verlangsamen könnte.

Die inhaltlichen Zielsetzungen einer Projektarbeit können sehr unterschiedliche Dimensionen umfassen: Sie reichen von der Erprobung künstlerischer Techniken zur Förderung des expressiven Ausdrucks über die Stärkung kreativer Ressourcen bis hin zur Bearbeitung wissenschaftlicher Fragestellungen. Dabei sprechen wir von spezifischen Wirkfaktoren der Kreativen Therapien und versuchen Effekte nachzuweisen (de Witte et al., 2021). Nun, widerspricht oft die Idee einer zeitbegrenzten schnellen Projektarbeit den Anforderungen von handfesten Ergebnissen einer erfolgreichen Forschungsarbeit. Für gewöhnlich sind solche Studien recht aufwendig, brauchen Vergleichsergebnisse von Kontrollgruppen, Prä-Post-Vergleiche, Follow-Up Untersuchungen, aufwendige Evaluation und Analyse (Kapitan, 2025).

Die Projektarbeit als Angebot an Institutionen hat ein großes Potenzial für die Gemeinschaft. Projekte können neue gruppendynamische Prozesse anstoßen und somit Entwicklungen anregen, in denen sich Beziehungsgestaltung, Rollenübernahme und Interaktionsformen exemplarisch zeigen. Darüber hinaus erzeugen die geteilten Erfahrungen, Emotionen und Ressourcen innerhalb einer Gruppenarbeit ein interaktives Feld, das die Teilnehmende verbindet und sie als Community wachsen lässt (Stanoeva, 2022, 2025). In diesem Kontext kann der Perspektivwechsel neue Weltansichten eröffnen und Erfahrungen von Selbstwirksamkeit der Patient*innen ermöglichen.

Leitfaden zu einer guten Vorbereitung der Projektarbeit

2

Die Projektarbeit unterscheidet sich wesentlich von der planmäßigen institutionellen Praxis. Während die klinische Kunsttherapie meist in einem kontinuierlichen und klaren Behandlungskonzept unterstützend eingebettet ist, charakterisiert sich das Praxisprojekt mit klaren zeitlichen und thematischen Umrissen. Dieser Kapitel unternimmt den Versuch, den Studierenden, Auszubildenden, Lehrenden und Projektleitenden eine systematische Anleitung der Projektplanung anzubieten.

2.1 Konzeptentwicklung

2.1.1 Vorbereitungsphase

2.1.1.1 Projektidee

Jede Konzeptentwicklung beginnt mit einer initialen Idee. Diese könnte sich auf bereits erworbener praktischer Erfahrung im Feld stützen, dem persönlichen Interesse an einem bestimmten Thema entspringen oder im Rahmen einer Forschung entstehen. Je nachdem, wie eine Projektarbeit zur Stande kommt, gehört die Idee einer einzelnen oder mehreren Personen. Gleich welche Ursprünge die Idee hat, der Prozess beginnt mit einem Arbeitstitel und dem Aufschreiben von aufsteigenden Gedanken. Um eine Struktur zu erschaffen, können beginnend Mindmaps hilfreich sein. Indem zuerst das zentrale Thema gewählt und Oberbegriffe gesammelt werden, kann der Fokus nachfolgend geschärft werden (Abb. 2.1). Die Collage wäre beispielsweise ein intuitiver und kreativer Ansatz, der die Entwicklung positiv unterstützen könnte, da äußere Bilder die freien Assoziationen stimulieren sowie Zusammenhänge vernetzen. Die Anfertigung einer Zeichnung kann die abstrakten

A. Stanoeva, *Klinische Kunsttherapie*, essentials,
https://doi.org/10.1007/978-3-658-52253-7_2

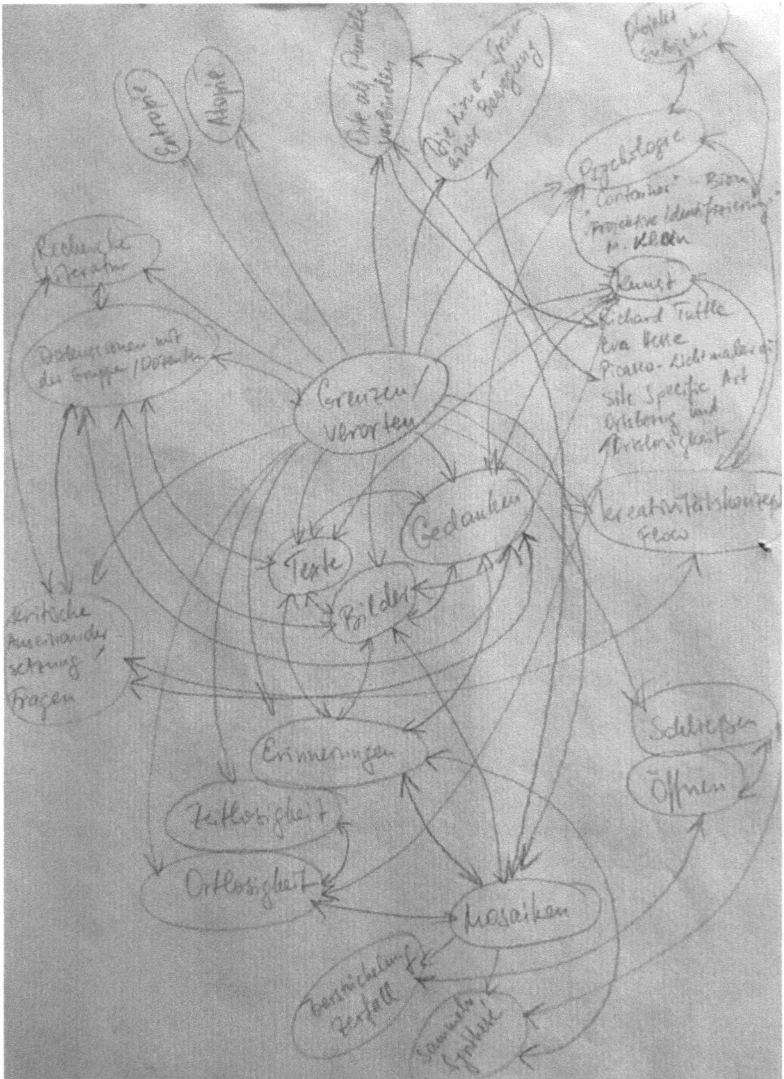

Abb. 2.1 Mindmap als Vorbereitung eines Projekts

Denkprozesse abbilden, die sinnhaften Verknüpfungen fördern und die einzelnen Bereiche sortieren.

Lassen Sie Ihren Gedanken freien Lauf und sammeln Sie alles, was Ihnen zum Thema einfällt: Namen von Künstler*innen, Bücher, Theorien, künstlerische Materialien, Techniken, etc. Anschließend können die Begriffe in Gruppen sortiert werden und dadurch die Kernpunkte des Konzepts bilden: *Inspiration, Literatur, Material, Kunst, Kunsttherapie, Psychologie,* etc. (Abb. 2.2). Ein wichtiger Teil des Mindmaps sind die Vorerfahrungen und Kompetenzen der Entwickler*innen. Diese Ressourcen sollen großzügig aufgeführt werden, denn sie werden Sie durch den Prozess tragen. Welche Anregung dient der Projektarbeit, welches Interesse am Thema steht im Mittelpunkt? War es das Praktikum oder eine persönliche Angelegenheit, ein Buch, ein Film etc.? Welchen Bezug hat das Thema zu der eigenen künstlerischen Arbeit der Projektdesigner*in? Gibt es biografische oder andere Parallele? All diese Punkte unterstützen die Weiterentwicklung des Vorhabens.

2.1.1.2 Zielsetzung und Fragestellung

Sobald die Idee dargelegt und ins Detail ausgeführt wurde, sollte das Ziel für die Projektarbeit klar festgelegt werden: Ist Ihr Ansatz praktisch künstlerisch orientiert oder wollen Sie etwas erforschen? Mit welcher Fragestellung geht das Konzept einher?

Aus dieser Fragestellung sollte sich die Hypothese später bilden können, sollte sich das Projekt zu einer wissenschaftlichen Arbeit entwickeln. Im Folgenden sind ein paar Beispiele aufgeführt, die die konkrete Zielformulierung einer Projektarbeit hilfreich unterstützen könnten:

- Entwicklung von Sozialkompetenzen, Stärkung der Gemeinschaft und Förderung der Kommunikation in der Gruppe
- Regulation von Emotionen, Reduktion von Anspannung und Förderung des expressiven Ausdrucks
- Aufbau von Selbstwirksamkeit, Selbstverantwortung und Selbstvertrauen
- Stärkung kognitiver Fähigkeiten: Konzentration, Aufmerksamkeit, Ausdauer
- Kreativität fördern, Freude am Experimentieren mit künstlerischen Materialien unterstützen
- Innere Ressourcen aktivieren, stabilisieren und im Alltag integrieren
- Lebensqualität verbessern, Selbstbewusstsein stärken, Wohlbefinden fördern

Beispiel: Beispiel für ein externes Projekt

Es handelt sich um eine Projektarbeit, die für Patient*innen mit der Diagnose Borderline-Persönlichkeitsstörung im klinischen Bereich konzipiert und über acht

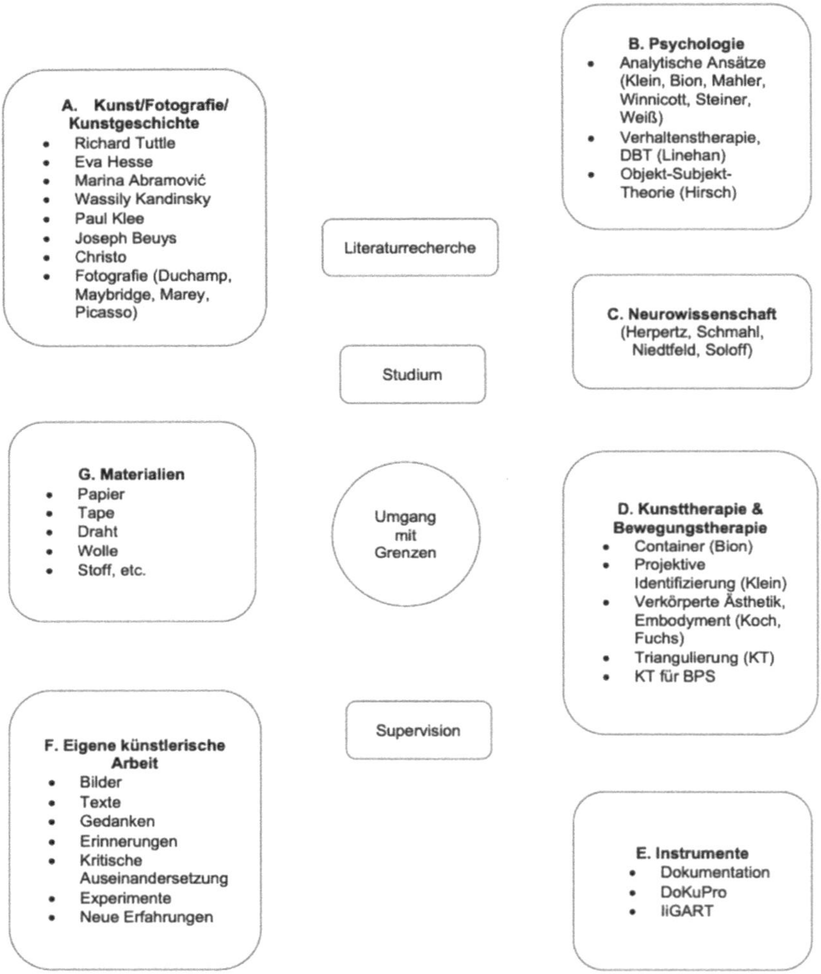

Abb. 2.2 Weiterentwicklung des Mindmaps mit sortierten Oberbegriffen

Wochen durchgeführt wird. Zum Zweck des Projekts wird ein innovatives kunsttherapeutisches Konzept entwickelt, in acht Schritten gegliedert und mit verschiedenen Interventionen gezielt am Umgang mit Grenzen mit künstlerischen

Mitteln gearbeitet. Die Schwerpunkte des Konzepts sind: Bewegung im Raum, Verortung, Grenzen setzen, Kommunikation in der Gruppe, etc. Eines der Schwerpunkte der Beobachtung ist die Subjekt-Objekt-Beziehung sowie die projektiven Veränderungen in der kunsttherapeutischen Triade.

Beispiel: Beispiel für ein internes Projekt
Eine mobile Kunsttherapie-Station in der Klinik etablieren

Hintergrund: Zusätzlich zu den regulären Kunsttherapie soll eine mobile kreative Station im klinischen Alltag integriert werden, die einen freien und flexiblen Zugang zu künstlerischen Mitteln ermöglicht.
Material: Ein Pilotenkoffer mit Rollen (Abb. 2.3) wird mit verschiedenen künstlerischen Materialien ausgestattet und im Aufenthaltsraum auf Station mit freiem Zugang für Patient*innen platziert.
Zielsetzung: Der Koffer soll

- Beschäftigung und Ablenkung in den therapiefreien Zeiten bieten
- die selbstständige kreative Arbeit sowie Integration im Alltag fördern
- Berührungsängste reduzieren und Ressourcen aktivieren
- neue Handlungsräume ohne Beobachtung und Bewertung schaffen
- die kreative Arbeit in den Innenräumen sowie draußen im Freien ermöglichen
- flexibel, mobil und unabhängig von dem Raum machen sowie Autonomie und Selbstverantwortung fördern

Erläuterung: Der Koffer bietet die Möglichkeit, die selbständige kreative Arbeit der Patient*innen selbst bei Therapieausfällen zu fördern. Indem die Therapeutin verschiedene kreative Zusatzaufgaben aufbereitet, baut sie Ängste ab, reduziert Erwartungen, fördert die therapeutische Beziehung und unterstützt eine lebendige Kommunikation mit den Patient*innen.
Fragestellung: Wird das Angebot wahrgenommen? Wie und wann wird der Koffer benutzt? Welchen Einfluss hat die mobile Kunsttherapie-Station auf die Teilnahme an dem regulären kunsttherapeutischen Angebot?
Herausforderung: Diese Arbeit erfordert Eigenverantwortung und wertschätzenden Umgang mit den Materialien. Hilfreich wäre es, wenn eine oder zwei Personen von den Patient*innen die Aufsicht übernehmen und darauf achten, dass die Materialien nicht verloren gehen, bzw. regelmäßig nachgefüllt werden. Diese Aufgabe setzt auch eine aktive Kommunikation mit der Kunsttherapeutin voraus.

Abb. 2.3 Mobile Kunsttherapie-Station in der Klinik

2.1.1.3 Zielgruppe

Um den Rahmen des Projekts deutlich zu skizzieren, sollten die Teilnehmende explizit eingegrenzt werden, denn die Zielgruppe ist bei der Wahl der Institution entscheidend. Nach welchen Kriterien werden die Personen ausgewählt oder ausgeschlossen? Ist der Homogenität der Gruppe gegeben? Die Arbeit mit einer bestimmten Gruppe von Menschen setzt eine intensive Auseinandersetzung mit charakteristischen Verhaltensweisen voraus, um mehr Verständnis und Sensibilität zu entwickeln. Die Bedürfnisse der Zielgruppe sollen im Fokus des Konzepts stehen, daher ist es wichtig, sich gründlich zu informieren sowie die Hypothese(n) mit theoretisch fundierten Aussagen zu untermauern.

Bereits bei der Konzeptentwicklung sollten die Besonderheiten des Projekts klar dargestellt werden. Ein solches Konzept muss außerdem die Teilnehmende über die Ziele und Schwerpunkte der Projektarbeit transparent informieren, denn wir brauchen letztlich eine informierte Einwilligung. Verschaffen Sie sich Klarheit darüber, für wen das Konzept geeignet ist und warum? Was ist das Besondere an der Arbeit mit dieser Zielgruppe und was ist das Herausfordernde?

Welche Besonderheiten weist das kunsttherapeutische Konzept auf, wird es beispielsweise etwas Neues und Innovatives ausprobiert? Wie genau möchten Sie zur Verbesserung bei dieser Zielgruppe beitragen? Setzten Sie Sich klare, aber realistische Ziele! Auch wenn die Vision mutig sein darf, sollte man nicht leichtsinnig sein, sondern stets die Verantwortung für die Menschen als Priorität haben.

Spezifizieren Sie die Zielgruppe nach Alter, Geschlecht, Krankheitsbild oder andere Merkmale. Überlegen Sie auch mögliche Herausforderungen, die die Arbeit mit dieser Zielgruppe mit sich bringen könnte. Was oder wer könnte Sie dabei unterstützen? In welchem Setting sollte das Projekt erfolgen und wie werden die Teilnehmende ausgewählt? Gibt es Ausschlusskriterien? Wie ist die Teilnahme definiert?

2.1.1.4 Methodologie

Wenn die Ziele definiert, den Rahmen des therapeutischen Settings festlegt sowie die Zielgruppe spezifiziert werden, folgt die weitere Erarbeitung der Methodik. Hier ist es sowohl wichtig die Materialien der praktischen kreativen Arbeit zu bestimmen als auch das Instrumentarium für die angestrebte Forschung festzulegen.

Welche künstlerischen Techniken werden angewendet und welche Materialien werden für das Projekt benötigt? Wie werden die Materialien organisiert und finanziert? Werden die Kosten von der Institution oder von den initiierenden Personen getragen? Bekommen Sie Fördergelder oder weitere Unterstützung für das Projekt?

Falls Sie ein wissenschaftliches Projekt vorbereiten, ist die spezifische Fragestellung entscheidend, ob qualitative oder quantitative Forschungsmethoden benötigt werden. Wie finden Sie heraus, welche Methodik für Ihr Vorhaben am besten geeignet ist? Wie erfolgt die Datenerhebung, welche Instrumente zur Dokumentation und Erfassung der Prozesse werden anwendet? Wie erfolgt die Analyse?

Die vorliegende Arbeit vertieft sich nicht in die spezifische Forschungsmethodik, daher sollten Sie sich bei der Wahl der geeigneten Instrumente die entsprechende Literatur suchen.

2.1.2 Institution

Grundsätzlich sollten wir hier unseren Blick auf verschiedene institutionelle Träger richten. Neben den Kliniken und Ambulanzen weckt die Rezeptive Kunsttherapie in den Museen immer mehr Interesse und öffnet ein breites Feld für spannende Projektarbeiten. Auch die Schulen und andere Bildungseinrichtungen bieten ein großes Fundament für kreative Projekte. So gewinnt die Schulintegrierte Kunsttherapie in den letzten Jahren immer mehr an Bedeutung. Meistens haben kunsttherapeutische Projekte an Schulen eine eher präventive Funktion, die nicht auf Defizite oder Krankheiten gerichtet ist (Titze & Hellinger, 2007). Neben all dem fasziniert auch die Arbeit im Justizvollzug immer wieder Künstler*innen und Kunsttherapeut*innen. Es wird ersichtlich, dass die institutionellen Träger sehr unterschiedlich sein können und die Konzeptualisierung eines Projekts stark von dem Ort des Geschehens abhängt. Dieser Ort gibt die basalen Rahmenbedingungen vor, denn das kunsttherapeutische Setting in diesem Rahmen gut eingebettet sein soll. In den Krankenhäusern selbst können wir ebenso differenzierte Bereiche wie Pädiatrie, Onkologie, Neurologie oder Psychiatrie anschauen. Aufgrund der fachspezifischen Ausrichtung der Autorin werden in diesem Buch mehr die Kliniken für Psychiatrie und Psychosomatik im Fokus rücken.

Wie schon die Einführung verdeutlicht, kann eine Projektarbeit sowohl intern an einer Institution entstehen als auch von außen initiiert werden. Wenn Projekte durch angestellte Kunsttherapeut*innen organisiert werden, geschieht dies im Rahmen ihrer Tätigkeit und hat eine oft flexible anschließende Ausführung. Meistens hat eine der Parteien die initiale Idee, aus der dann die Entfaltung eines Projekts erfolgt.

Aufwendiger ist das Prozedere, wenn eine außenstehende Person mit einer Organisation Kontakt herstellen soll. Die Verbindung entsteht in der Regel über gezielte Anfragen und Bewerbungen an die Kliniken durch die interessierten Personen, die ein Projekt verwirklichen wollen. Empfehlenswert wäre es, sich über die konkrete Institution gut zu informieren, indem man möglichst nach einem persönlichen Kontakt sucht. Eine andere Möglichkeit ist es, sich über die Hochschule oder das Ausbildungsinstitut zu informieren und nach entsprechenden Kontakten in den Organisationen zu suchen. Meistens haben die Hochschulen Kontaktdaten von Praxisanleiter*innen in verschiedenen Institutionen, die hier vom Nutzen sein könnten. Nicht selten entsteht die erste Kommunikation durch Kooperationen zwischen Institutionen und Hochschulen oder durch verschiedene Netzwerke. In der Regel wird zum Zweck des Studienprojekts einen gesonderten Vertrag geschlossen, in dem die Konditionen der Partnerschaft festgelegt werden.

Der Weg zu einer Institution zwecks Planung und Durchführung eines kunsttherapeutischen Projekts ist über die angestellten Kunsttherapeut*innen weitgehend der zielführendsten, denn ein solches Vorhaben braucht immer Unterstützung von Mentor*innen wie erfahrene Kunsttherapeut*innen. Die meisten von ihnen bestimmen selbst den Rahmen des kunsttherapeutischen Settings und haben eine gewisse Flexibilität sowie Freiraum bei der Gestaltung der Kunsttherapie. Außerdem können sie gut einschätzen, wie realistisch die Umsetzung eines Projekts im jeweiligen Bereich mit der Klientel ist. Denjenigen von ihnen, die selbst Erfahrung in Forschung und Projektleitung haben, ist der Aufwand hinter der Planung bewusst und können es realistisch beurteilen. Sollten die Kunsttherapeut*innen selbst Unsicherheit verspüren oder fachlich an ihren Grenzen stoßen, werden sie das Projekt höchstwahrscheinlich nicht unterstützen. Umgekehrt, schaffen Sie es sie von Ihrer Idee zu überzeugen, haben Sie Ansprechpartner*innen und Mentor*innen zugleich, die Ihnen mit Fachkenntnissen und Erfahrung zur Seite stehen können. Es ist immer besser die Fachmenschen gleich zu Beginn mit ins Boot zu holen, denn als ein außenstehender, zeitlich begrenzter Faktor kann ein Projekt am bestehenden System der Institution massiv rütteln.

Anfragen dieser Art bleiben oft ohne Antwort oder verlaufen sich nach einem initialen Gespräch. Problematisch kann die allgemeine Anschreibung der Bewerbung oder die fehlende Zuständigkeit sein. Selbst wenn dein Konzept auf Papier hervorragend dargelegt wurde, ist die Akzeptanz der Idee nicht selbstverständlich. Seitens der Studierende bedarf es viel Motivation aber auch Ausdauer, um eine lebendige und aufschlussreiche Kommunikation mit institutionellen Trägern aufrechtzuerhalten. Dies schließt auch einen konstruktiven Umgang mit Frustration und Enttäuschung infolge von Absagen mit ein, die an den Selbstwert kräftig rütteln können. Die Bemühungen können lange erfolglos bleiben, besonders wenn die Projektarbeit intern nicht unterstützt oder nicht ernst genommen wird. Menschliche Unsicherheiten und Ängste wirken sich in diesem Fall nicht unerheblich aus. Unter diesen Umständen unterschätzen auch die angestellten Kunsttherapeut*innen oft ihre Rolle und Einfluss im Bewerbungsprozess. Deshalb ist es wichtig gleich zu Beginn die Besonderheiten und die Innovationen des betreffenden Konzepts hervorzuheben, indem Sie die Verantwortlichen gezielt darauf aufmerksam machen. Vergessen Sie nicht zu unterstreichen, warum Ihrer Meinung nach ausgerechnet diese Zielgruppe von dem beschriebenen Konzept profitieren würde und welcher Gewinn die Institution von der Durchführung des Projekts haben könnte.

Nach der erfolgten Anfrage und der ersten Kontaktaufnahme kann eine eintägige Hospitation in der Institution die zukünftige Zusammenarbeit erheblich unterstützen. Dieser Zwischenschritt würde Ihnen helfen, das Team und das Behandlungskonzept einer Klinik (Station) besser kennenzulernen, sowie einen ersten Eindruck von der Klientel dort zu gewinnen. Auch Sie haben viel bessere Chancen, sich im persönlichen Kontakt authentisch zu präsentieren und die anderen von Ihrer Idee zu begeistern. Zusätzlich kann dies die schriftliche Bewerbung mit dem eingereichten Konzept erleichtern, indem Sie den richtigen Ansprechpartner finden und direkt anschreiben.

2.2 Konzept justieren

2.2.1 Institutionelle Rahmenbedingungen

Nachdem die richtige Institution für das Projekt gefunden, die Idee vorgestellt und eine Anfrage eingereicht wurde, folgen oft Gespräche und Verhandlungen, die eine Justierung des schriftlichen Konzepts erfordern. Einerseits lernt man die Situation vor Ort kennen und kann sich an den organisatorischen Bedingungen anpassen wie beispielsweise Tagesabläufe, Untersuchungen, Manipulationen, Visite, Essens-, Besuchs- und Ruhezeiten, etc. Aber auch die räumlichen Bedingungen der jeweiligen Organisation können beurteilt werden. In vielen Einrichtungen, wie beispielsweise in geschützten Stationen oder in der forensischen Psychiatrie, gelten besondere Vorschriften und Schutzmaßnahmen. Anderseits geben diese Diskussionen den Studierenden die Möglichkeit, das Projekt an die Institution flexibel anzupassen, indem der klinische Alltag und die Schwerpunkte der Behandlung berücksichtigt werden.

Zu den institutionellen Bedingungen sollte für die Kunsttherapie geklärt werden, welche Räume und Materialien verwendet werden dürfen. Gibt es ein Gruppenraum oder wird die Arbeit am Bett erfolgen? Brauchen die Klient*innen eine besondere Unterstützung von Bezugsperson, müssen sie zum Kunstraum begleitet werden oder bewegen sie sich selbstständig? Sollten andere Besonderheiten beachtet werden, z. B. Kanülen, Katheter, die die Motorik beeinträchtigen können; oder allergische Reaktionen, die das Materialwahl eingrenzen; ein geschwächtes Immunsystem nach Operationen, etc. Zusätzlich ist es für die Kunsttherapie von Bedeutung, ob die Menschen mit Handwerkzeug arbeiten dürfen, ob die Nutzung von Scheren erlaubt ist, u. a. Wenn ein Kunstatelier zur Verfügung steht, ist die Arbeitssicherheit meistens gewehrleistet. Nicht selten sollen Projekte in anderen Räumen durchgeführt werden, in denen die Arbeit mit besonderen Regeln verbunden ist. All diese Faktoren zu beachten, fokussiert das Konzept, kann aber auch die Kreativität der initiierenden Personen enorm einschränken.

2.2.2 Führende Prinzipien bei der Vorstellung

2.2.2.1 Rahmenbedingungen der Projektarbeit

Die Projektarbeit erfolgt in der Regel mit einer informierten Einwilligung, d. h. es braucht Information und Aufklärung über die Zielsetzung des Projekts sowie über die angewendete kunsttherapeutische Methodik. In verschiedenen Krankenhäusern steht das Therapeutische nicht im Vordergrund, z. B. Pädiatrie, Neurologie, Onkologie, dort könnte der Begriff ‚Kunsttherapie' unbekannt sein. Dementsprechend sollte man sowohl das Personal als auch die Teilnehmende gut darüber informieren, wie die Kunsttherapie arbeitet und welche Ziele das kunsttherapeutische Projekt hat. Hilfreich könnten dabei verschiedene Infomaterialien, Flyer oder Bilder aus erfolgreich abgeschlossenen Projekten sein. Wenn das Projektziel die Arbeit mit Kindern einschließt, sollten die Eltern eine Einwilligung unterschreiben. In der Psychiatrie könnten u. U. auch gesetzliche Betreuer wichtige Ansprechpartner sein. Es wird ersichtlich, dass neben der organisatorischen und der räumlichen Ebenen auch die Kommunikationsebene ein erhebliches Gewicht bei den institutionellen Faktoren hat.

► **Transparente Darlegung von Rahmenbedingungen der Projektarbeit**

- Der Ort (Organisation, Bereich, Raum, etc.)
- Der zeitliche Rahmen „von … bis"
- Umfang der Stunden, Dauer
- Das therapeutische Setting (Einzel/Gruppe, offene/geschlossene Gruppe, Aufbau von einzelnen Schritten aufzählen)
- Teilnehmende (Kinder/Jugendliche/Erwachsene, Anzahl, Alter, Diagnose, Ausschlusskriterien, etc.)
- Künstlerische Materialien
- Klare Ziele und Schwerpunkte des Projekts, kunsttherapeutischer Ansatz

Falls es sich um eine Forschungsarbeit handelt, sollen die einzelnen Schritte der kunsttherapeutischen Intervention ausführlich dargelegt werden. In diesem Sinne ist es auch wichtig zu erwähnen, ob die Projektarbeit Fördergelder oder andere Zuschüsse aus dem öffentlichen, kommerziellen oder gemeinnützigen Sektor erhalten wird. Wie bei allen anderen Verfahren, die in Studien mit Menschen durchgeführt werden, sollen auch Bachelor- oder Masterarbeiten den ethischen Standards der institutionellen und/oder nationalen Forschungskommission sowie der Helsinki-Erklärung von 1964 und ihren späteren Ergänzungen oder vergleichbaren ethischen Prinzipien entsprechen. Aus diesem Grund ist es besonders wichtig die Teilnehmende und die Institutionen über das Konzept transparent zu informieren und das Vorhaben präzise zu beschreiben. Nachdem sie über die Rahmenbedingungen aufgeklärt wurden, muss von allen an der Studie teilnehmenden Personen zusätzlich eine Einverständniserklärung eingeholt werden. Über die ethischen Prinzipien der Kunsttherapie in Deutschland können sich Kunsttherapeut*innen jederzeit bei dem Deutschen Fachverband für Kunst- und Gestaltungstherapie (DFKGT) informieren.

Wichtige Schritte für die Forschungsarbeit

- Forschungsfrage identifizieren
- Konzept erstellen
- Problemstellung entwickeln
- Literatur auswerten
- Methodik festlegen
- Werkzeuge und Ressourcen für die Durchführung der Studie suchen
- Studie innerhalb der ethischen Grenzen durchführen
- Ergebnisse berichten und verbreiten

2.2.2.2 Spezifizierung

- Präzise Beschreibung und klare Rahmenbedingungen (Transparenz)
- Potenzielles Nutzen für die Zielgruppe (Profit)
- Realisierbarkeit (Flexibilität)
- Innovation (Forschung)

In der Regel sollen wir uns bei einer Konzeptentwicklung vom Allgemeinen zum Spezifischen bewegen, indem wir allgemeine Aussagen vermeiden und unsere Schritte konkretisieren. Bei einer schriftlichen Bewerbung sollte auf die genaue Beschreibung des Konzepts mit den klaren Rahmenbedingungen des Projekts geachtet werden, indem sich die Initiator*innen von den Prinzipien der Transparenz und Offenheit führen lassen. Dies gilt besonders in der Forschung, wo die ethischen Prinzipien und die Replizierbarkeit der Ergebnisse einen großen Stellenwert haben. Zusätzlich spielen die zentralen Gütekriterien empirischer Forschung – Validität, Reliabilität und Objektivität – eine entscheidende Rolle. In der Bewerbung sollte das Potenzial des Vorhabens hervorstechen, indem der Gewinn für die Zielgruppe sowie für die Institution ersichtlich aufgezeigt wird. Dabei sollten wir bescheiden in den Angaben bleiben sowie uns auf realistische und erreichbare Ziele fokussieren. Dennoch können die Bewerber*innen mit ihren Ideen und investierter Zeit punkten, wenn ihren innovativen und theoretisch fundierten Einsatz besonders betont wird. All diese Punkte sollen in der Anschreibung erhalten sein. Je spezifischer die Anfrage formuliert wird, desto größer ist die Chance ernst genommen und beantwortet zu werden. Große Institutionen wie beispielsweise Krankenhäuser bekommen täglich zahlreiche Anfragen unterschiedlicher Natur. Oft werden diese ohne einen genauen Empfänger an allgemeine Adressen versendet und landen entsprechend in verschiedenen Postfächern. Es passiert nicht selten, dass Anfragen verloren gehen. Um die langen Wartezeiten zu verkürzen, empfehle ich zuerst den richtigen Ansprechpartner zu finden, nach einer Eingangsbestätigung zu fragen und auf eine verbindliche Antwort zu bestehen.

Forschungsprojekt im Rahmen des Studiums planen

a. Eingrenzung der Zielgruppe
b. Ausführung detaillierter Literaturrecherche von grundlegenden Theorien und aktuellen Erkenntnissen der Forschung zu dieser Zielgruppe
c. Verbindung von kreativem Konzept und fundiertem Grundwissen
d. Formulierung der Forschungsfrage, Aufstellung einer Hypothese
e. Unterstreichung von Innovation und Nutzen des Konzepts
f. Aufgliederung des Konzepts in einzelnen Schritten, Auswahl der Materialien
g. Suche nach einer passenden Institution
h. Information über die Institution, unterschiedliche Informationsquellen
i. Kontaktaufnahme mit der Institution, Vorstellungsgespräch, Hospitation
j. Vorstellung der Idee, Einreichung eines schriftlichen Konzepts
k. Herstellung von persönlichem Kontakt mit Kunsttherapeut*innen vor Ort, die den Vorhaben unterstützen und begleiten können
l. Suche nach Mentor*in des Projekts, regelmäßige Supervision
m. Besprechung mit dem Team und der Leitung, Abfrage von Erwartungen und Möglichkeiten
n. Anpassung das Konzept an die Bedürfnisse sowie an die organisationalen und räumlichen Rahmenbedingungen

2.3 Umsetzung des Projekts

Wenn das Konzept modifiziert wird und schließlich allen Anforderungen und Wünschen der Institution und der Zielgruppe entspricht, kommt der Augenblick der Durchführung. Auch wenn Sie außergewöhnliche Begeisterung und Entschlossenheit mitbringen, könnte Unsicherheit der Projektarbeit begleiten, denn schließlich geht es um eine große Verantwortung. Selbst bei einer soliden Vorbereitung können nicht alle Situationen vorhergesehen werden. Unerwartetes und Ungeplantes kann in der klinischen Arbeit mit Menschen immer auftauchen, sogar bei zeitlich begrenzten, thematisch fokussierten und kompetent durchgeplanten Ansätzen wie Kunstprojekte. Deshalb ist eine regelmäßige begleitende Supervision enorm wichtig.

Sobald Sie im Laufe des Projekts merken, dass Sie die Menschen nicht erreichen können oder interpersonelle Konflikte entstehen, sollten Sie von dem anfänglichen Plan abweichen. Im Hier-und-Jetzt haben die Bedürfnisse der Teilnehmende an dem Projekt oberste Priorität. Die Menschen stehen im Mittelpunkt, nicht das Konzept! Das Anliegen der Gruppe hat an dieser Stelle eine große Relevanz, auch wenn es eine Unterbrechung und eine tiefgreifende Veränderung Ihrer Arbeit bedeuten würde. Es liegt in Ihrer Verantwortung, die Wünsche und Bedürfnisse der Gruppe ernst zu nehmen, denn hier zeigen sich die wichtigsten gruppendynamischen Prozesse. Sollte das Projekt in diesem Sinne „schiefgehen", könnte man mit dem Scheitern oder die Abweichung vom Plan wunderbar arbeiten, indem Sie alle Ihrer Fragen in Supervision und Selbstreflektion thematisieren und analysieren. Die Ergebnisse werden zeigen, wie funktionsfähig und erfolgreich das Konzept war oder nicht war. In beiden Fällen gewinnen Sie wertvolle Erfahrung und lernen, wie Sie in Zukunft mit solchen Situationen umgehen können.

Sollten Sie sich noch im Studium befinden, könnten Sie diese tiefgreifenden Erfahrungen mit Klient*innen dauerhaft beeinflussen. In der Phase der Ausbildung zeigt sich die richtige therapeutische Haltung noch nicht so schnell. Die Entwicklung eigener therapeutischer Identität setzt eine langjährige Arbeit mit Menschen voraus. Eine eigene Haltung auszubauen, basiert auf Erkenntnisprozessen über die therapeutische Präsenz und die eigenen Grenzen, und ist einer der wichtigsten Schritte zur kunsttherapeutischen Identitätsfindung (Stanoeva, 2025).

2.4 Evaluation und Analyse

Wenn der praktische Teil des Projekts abgeschlossen und Daten regulär gesammelt wurden, ist die Projektarbeit oft noch nicht fertiggestellt. Anschließend erfolgt die Bewertung des Projekts durch die komplexe Analyse und die Reflexion der Ergebnisse. Die Autor*innen können die Resultate ihrer Arbeit mit der Öffentlichkeit teilen, indem diese Objekt Ihrer Masterarbeit werden, auf Konferenzen vorgestellt, in Form von Artikel publiziert oder in *Open Access* veröffentlicht werden. Hier ist es ebenso wichtig, über die Fragestellung, die Methodik und die einzelnen Schritte der Arbeit transparent und objektiv zu berichten, so dass die Leser*innen Ihre Schlussfolgerungen gut nachvollziehen können. Auch die kritische Auseinandersetzung in einer Diskussion sowie die Offenlegung von Limitationen Ihrer Projektarbeit gehören zu diesem Prozess. Durch eine tiefe Reflexion könnte meistens das Potenzial für eine Weiterentwicklung und zusätzliche Fragestellungen erkannt werden.

2.5 Zusammenfassung

Dank der bisherigen Darlegung wird es in diesem Kapitel offensichtlich, dass die institutionellen Träger unterschiedlicher Natur sein können und die Konzeptentwicklung einer Projektarbeit so weit beeinflussen, dass sie verschiedene Schwerpunkte annehmen kann. Neben den Kliniken findet die Kunsttherapie auch in anderen Institutionen statt. Unterschiedliche soziale Einrichtungen können als institutioneller Partner verstanden werden und somit die Entfaltung der Kunsttherapie weitgehend erweitern, da sie heterogene Anforderungen und Rahmenbedingungen schaffen. Diese Bedingungen erfordern eine extreme Anpassungsfähigkeit und Kreativität seitens der Kunsttherapeut*innen bei der Gestaltung ihrer Praxisprojekte.

3 Forschungsprojekt im Rahmen der Masterarbeit

Die Konzeption und Durchführung einer eigenständigen Projektarbeit sind im Kern des Masterstudiengangs Kunsttherapie. Das sogenannte Praxisprojekt ist ein zentrales Lernfeld, das die Profilbildung der Kunsttherapeut*innen unterstützen soll. Die Studierenden werden bei der Konzeptentwicklung, Umsetzung und Evaluation ihres kunsttherapeutischen Projekts akademisch begleitet. Parallel läuft die selbstständige Suche nach einer passenden Institution, die die Studierende oft vor großen Herausforderungen stellt. Die Vorbereitungsphase kann sich somit als schwer gestalten, die spezifische Zielgruppe schnell zu erreichen sowie erfolgreiche Kontaktaufnahme mit einer Institution einzufädeln. Sich an die Rahmenbedingungen und an das Behandlungskonzept einer Klinik anzupassen ist nur eine der Hürden in diesem Prozess. Im Folgenden werden die einzelnen Schritte eines Masterprojekts ausführlich beschrieben und mit praktischen Tipps unterstützt.

3.1 Konzeptentwicklung

3.1.1 Hintergrundinformation

Eine wichtige Voraussetzung für den erfolgreichen psychotherapeutischen Prozess ist der klare Rahmen. Beginnend mit einer genauen Zeit- und Raumangabe sowie konkrete Zielsetzung sollen die Therapeut*innen klare Umrisse der Behandlung skizzieren und Grenzen definieren. Die Kunsttherapie soll ebenfalls mit einem exakten Rahmen versehen werden: Es gibt einen Raum, der als Atelier definiert ist, die zeitlichen Angaben, sowie bestimmte Rituale, die ein kunsttherapeutisches Setting ankündigen und beenden. Darüber hinaus entstehen mithilfe der Kunst neue

A. Stanoeva, *Klinische Kunsttherapie*, essentials,
https://doi.org/10.1007/978-3-658-52253-7_3

Räume, verkörpert durch Bilder oder Objekte, oder es werden neue Erfahrungsräume erschaffen, die vorerst spürbar, aber unsichtbar bleiben.

Der Begriff Raum ist in der Kunst zentral und sorgt oft für rege Diskussionen. Angenommen, ein Kunstwerk ist ein „materielles Artefakt" und ein „Ding im Raum" (Schütz, 2005), stellt sich die Frage: Wie verhält sich das Kunstwerk zum Raum? Spätestens der Begriff „Kunst im öffentlichen Raum" veränderte das Verständnis von Raum und Ort entscheidend (ebd.). Neben der Verlagerung der Kunst aus den institutionellen Räumen hinaus hin zu Orten des öffentlichen Raums und der Herstellung von Werken in ortsorientierten Bezügen, stellt Robert Smithson sein Konzept *Displacement* als „eine besondere Weise des In-Beziehung-Setzens der gesammelten Materialien, Informationen und Assoziationen vom Ort" dar (Brohl, 2003). So schreibt Christine Brohl, dass Orte emotionale Reaktionen hervorrufen können, indem sie bestimmte Gefühle und Assoziationen in uns wecken (ebd.). Diese können unser Verhalten beeinflussen, indem sie zum Handeln und Bewegung animieren oder zum Nichtstun und Rückzug einladen. Nicht zuletzt spielen entstehende Orte mit Erfahrung von Innen und Außen, indem sie Grenzen setzten oder verschieben, so die Autorin weiter.

Diese künstlerischen Konzepte helfen uns enorm, mentale und emotionale Zustände besser zu verstehen. Menschen, die Trauma erlitten, haben oft ein eignes Zeit-Raum-Erleben. Dadurch, dass sich die traumatischen Erlebnisse aufdrängen und wiedererlebt werden, fehlt der Personen oft die klare Verbindung zur Wirklichkeit. Dissoziativ entfliehen die Betroffenen oft anderswo, so entstehen ihre eigenen Zufluchtsorte.

3.1.2 Die Idee

Die Projektidee entsprang dem Wunsch die eigene künstlerische Praxis mit der Erfahrung als Kunsttherapeutin zu verbinden. Speziell im Fokus meiner Untersuchung rückten aktuelle Erfahrungen aus der klinischen Kunsttherapie mit Menschen mit einer Borderline-Persönlichkeitsstörung (BPS).

Bei der Konzeptentwicklung begleiteten mich die therapeutischen Prozesse einiger jungen Patientinnen. Durch ihre intensiven Erfahrungen in der Kunsttherapie wurde die Projektion emotionalen Erlebens auf die entstandenen Werke besonders deutlich. In der Beziehung zu ihrem Werk wurden sie zunehmend ambivalenter: Einerseits verglichen sie die Objekte der kreativen Arbeit mit ihrem Körper oder assoziierten ihre Handlungen mit selbstverletzendem Verhalten, andererseits entwickelten sie ein tiefes Gefühl der Empathie und Zuneigung ihren Werken gegenüber.

Die unterschiedlichen Kunstmaterialien bieten viel Potenzial für zahlreiche qualitative Erfahrungen. Je nach Medium können die Produkte der kreativen Handlung sowohl das Körperliche als auch das Gegenständliche hervorheben, die Emotionen halten als auch den Affekten zu Opfer fallen. Im kunsttherapeutischen Setting dient ein Objekt meistens als eine Sammelstelle: Es kann den affektiven Ausdruck unterstützen, die Emotionen *containen* sowie ihre Regulation fördern (Klein, 1946; Bion, 1962).

Die Bewegung ermöglicht zusätzlich die körperliche Raumerfahrung: wir können ihn dynamisch erfassen und Spuren hinterlassen. Nun, wie können raumbezogene künstlerische Interventionen eine Metaposition erschaffen, die eine neue Perspektive auf die Situation eröffnet? Wie finden in der Kunsttherapie sinnliche Erfahrungen und Körper(re)aktionen eine Expression, die ebenfalls Perspektivwechsel oder Veränderung hervorzurufen können? Mit diesen Gedanken und Erfahrungen entwickelte ich mein Forschungsprojekt, das primär der Umgang mit Grenzen thematisierte. Es sollte mit Begriffen wie Bewegung, Raum und Grenzen arbeiten und versuchen, diese mithilfe von künstlerischen Mitteln zu übersetzen sowie sichtbar werden zu lassen. Bezugnehmend auf die Abb. 2.2, die die einzelnen Bereiche der Konzeptentwicklung veranschaulicht, können hier einige wichtige Punkte ausgedehnt werden.

3.2 Konzeptdurchführung

Nachdem Ihr Praxisprojekt im Rahmen eines Masterstudiums erfolgreich an einer Institution durchgeführt wurde, haben Sie die Möglichkeit die Entwicklung von der Planung über die Verwirklichung bis Evaluation der Ergebnisse in Ihrer Masterarbeit gründlich zu beschreiben. Je umfassender die erste Phase der Vorbereitung ist, desto tiefer kann ihre Beschreibung in die wissenschaftliche Ausführung gehen. Hier wird ein Teil der Masterarbeit präsentiert.

Die Zielgruppe dieser Untersuchung sind Menschen mit Borderline-Persönlichkeitsstörung (F60.31), diagnostiziert nach ICD-10. Laut Weiß (2009) bewegen sich die Betroffenen in einem Grenzbereich zwischen innerer und äußerer Wirklichkeit und haben oft ein eigenes Zeit-Raum-Erleben.

Diese Arbeit schließt sowohl real ausgeführte Körperbewegungen als auch innere Bewegungen, die infolge von Fantasien und/oder Dissoziationen entstehen können, ein. Im Folgenden wird der Prozess der Konzeptentwicklung sowohl aus der Praxiserfahrung als auch aus den verschiedenen theoretischen Perspektiven beleuchtet.

3.2.1 Praktische Voraussetzungen

„Bei mir habe ich nicht gezögert und jetzt habe ich Angst, diesen Stein zu zerstören. Die Spuren, die ich hinterlasse, sehen genauso wie diese auf meinen Armen aus.“

Gleich in der ersten kunsttherapeutischen Stunde erlangte Frau A., eine junge BPS-Patientin, eine sehr intensive Erfahrung, die sie für einen Augenblick offenbar in ein altes traumatisches Erlebnis versetzte. Mir erschien es wichtig, im Hier und Jetzt zu bleiben und lud die junge Frau ein, die Unterschiede zwischen Subjekt und Objekt bewusst wahrzunehmen. Das von der Patientin angesprochene selbstverletzende Verhalten gewann durch die künstlerische Expression eine neue Bedeutung. Die neue und wie es scheint sehr wichtige Erfahrung erfolgte im Umgang mit dem Material durch die Projektion. Frau A. hatte die Möglichkeit, den Stein zu verändern, ihn zerspringen zu lassen, zu verkleinern, zu glätten u. a., aber der Stein wird dabei nicht bluten, nicht weinen, sich nicht beschweren. Also unterscheidet sich ein Stein deutlich von dem menschlichen Körper. Gleichzeitig weist das Material bestimmte Qualitäten auf: ein Stein ist kalt, fest, widerstandsfähig, er hat eine bestimmte Struktur und Farbe. Je nach Konzeptualisierung unterscheidet sich auch die Relation Objekt-Subjekt. Durch die Triangulierung in der Kunsttherapie wird die Beziehung zwischen Patient*in und Therapeut*in durch eine zusätzliche Ebene ergänzt, diese der entstandenen Produkte des kreativen Akts.

Die Konzeptualisierung des hier beschriebenen Projekts entsprang dem Wunsch, an der Schnittstelle zwischen Kunst und Therapie neue Perspektiven zu eröffnen. In den Fokus rückten dabei Erfahrungen der kunsttherapeutischen Praxis mit Borderline-Persönlichkeiten. Die Betroffenen gelten als große Herausforderung im klinischen Bereich, da sie sich in der Therapie nur schwer an Regeln halten können und oft ein dysfunktionales Verhalten aufweisen. Dank der Provokation greift die Kunsttherapie oft sehr tief ein. Die Menschen sind besonders kreativ und aktiv sowie ihre Bilder – hoch emotional aufgeladen. Die eigene künstlerische Erfahrung der Therapeut*innen sowie ein tiefes Verständnis für den schöpferischen Prozess können oftmals einen Perspektivwechsel sowie Erweiterung der therapeutischen Beziehung begünstigen.

3.2.2 Theoretische Grundlagen

Die Entwicklung des beschriebenen Konzepts setzt eine ausführliche Auseinandersetzung mit den theoretischen Erklärungsmodellen der Borderline-Persönlichkeit voraus. Bei der Projektarbeit wurden sowohl psychodynamische als auch verhaltenstherapeutische Ansätze berücksichtigt und in ihrer Wirksamkeit studiert.

3.2.2.1 Psychoanalytische Therapie

Als grundlegend konzentrierte sich der psychoanalytische Ansatz auf die Objektbeziehungstheorie der kindlichen Entwicklung, die die Bedeutung der Interaktionen des Kindes mit der Umgebung hervorhebt. Dieser Theorie zufolge entscheiden die Beziehungen des Kindes zu „Objekten" in seiner Umgebung seine spätere Funktion (Kreisman & Straus, 2015). Margaret Mahler (1980; zit. n. Kreisman & Straus, 2015) teilt die kindliche Entwicklung in *autistische Phase, symbiotische Phase* und *Phase der Ablösung und Individuation.* Sie behauptet, dass sich das Kind in der *Phase der Ablösung und Individuation* (ca. zweites bis drittes Lebensjahr) von seiner primären Bezugsperson zu lösen und zu befreien beginnt. In dieser Phase entsteht ein eigenständiges Ichgefühl. Die Entwicklung der Kinderzeichnung belegt ebenfalls, dass etwa in demselben Zeitabschnitt sich die erste geschlossene Form als Ich-Symbol bildet (Brochmann, 2000; Schuster, 2000). Mahler schreibt dieser Entwicklungsphase eine große Bedeutung für die spätere geistige Gesundheit des Individuums zu, denn das Kind lernt, Grenzen zwischen sich selbst und der Umwelt zu ziehen. Als ein Faktor, der diese Entwicklungsphase erschwert, sieht die Autorin die Wahrnehmung des Kindes der Menschen in seiner Umgebung als zwei getrennte Wesen: „Die Mutter wird als ‚gut' empfunden, wenn sie Trost spendet und Sensibilität zeigt. Wenn sie nicht erreichbar oder nicht in der Lage ist, Trost und Beruhigung zu gewähren, wird sie als separate ‚schlechte' Mutter wahrgenommen" (Kreisman & Straus, 2015, S. 86). Diese normale „Spaltung" wird laut Mahler in der weiteren Entwicklung durch eine gesündere Integration der „guten" und der „schlechten" Mutter ersetzt. Ab Ende des zweiten Lebensjahres erlebt das Kind die *Phase der Objektkonstanz,* in der es lernt, Ambivalenz und Frustration zu ertragen (ebd.). Laut diesem Paradigma sei die Borderline-Persönlichkeit nicht in der Lage, diese Phase zu erreichen und bleibt in früheren Entwicklungsphasen steckend, in denen rudimentäre Abwehrmechanismen vorherrschen.

Erfahrungsgemäß wird diese Spaltung auch in der Kunsttherapie erlebbar, beispielsweise wenn das Gemalte auf dem Blatt unbewusst in zwei Hälften aufgeteilt wird. Nachdem sie mit ihrem Bild fertig geworden war, wollte Frau B., eine junge BPS-Patientin, immer die eine „nicht gut gelungene" Hälfte abschneiden und nur die andere, die „gute", behalten. So eine sichtbar gewordene Handlung, würde für eine erschwerte Integration von negativen Erfahrungen und Gefühlen sprechen. Im kunsttherapeutischen Prozess identifizieren sich die Patient*innen stark mit den entstehenden Bildern und Objekten. Diese Identifikation ermöglicht es, Anspannung und selbstverletzendes Verhalten auf die äußeren Objekte zu übertragen und somit das aversive Erleben zu verlagern: Bilder werden zerknittert, zerrissen, abgeschnitten, weggeworfen, zerstört. Die Akzeptanz eines in ihren Augen unvollkommenen Objekts in Form eines Bildes, fällt somit äußerst schwer. Durch die zusätzliche Kommunikationsebene der Gestaltung ermöglicht die Kunsttherapie Entlastung und Veränderung der therapeutischen Beziehung, indem sie ein großes Potenzial für Reflexion bietet.

3.2.2.2 Dialektisch-Behaviorale Therapie

Patient*innen, bei denen eine Borderline-Persönlichkeitsstörung (BPS) diagnostiziert wurde, erhalten in der Regel als erste Wahl eine Dialektisch-Behaviorale Therapie (DBT). Diese arbeitet mit einer Kombination therapeutischer Strategien – Verhaltensänderung, Validierung und dialektischen Strategien (Koerner, 2013). In einer Reihe von Studien beweist Marsha Linehan, dass die DBT der psychoanalytischen Therapie deutlich überlegen ist (Bedics et al., 2012; Linehan et al., 2006; Neacsiu et al., 2014). Das stellt die Forscherin besonders an den folgenden messbaren Merkmalen fest: deutliche Abnahme der Suizidversuche und des nichtsuizidalen selbstverletzenden Verhaltens, sowie an die Reduktion der Besuche der Notaufnahme. Als ein Behandlungskonzept, das auf Struktur und Regeln ansetzt, vermittelt es den Patient*innen Stresstoleranzskills und Emotionsregulationsstrategien, um die Anspannung, die Dissoziationen sowie das selbstverletzende Verhalten zu verringern (Linehan, 1996). Durch die strengen Rahmenbedingungen und fortlaufenden Zielsetzungen kann leicht Überforderung entstehen, die nicht selten zum Therapieabbruch führt.

3.2.2.3 Neurobiologie und Borderline-Persönlichkeitsstörung

Obwohl sich viele therapeutische Behandlungen auf die Entwicklung einer dynamischen zwischenmenschlichen Beziehung zwischen Klient*in und Therapeut*in sowie auf die Spaltung in gute und schlechte Objekte konzentrieren (Kreisman & Straus, 2015; Mahler et al., 1980; Weiß, 2009), berichten neueste neurobiologische Erkenntnisse über funktionelle und strukturelle Veränderungen im Gehirn, vor allem über eine Fehlfunktion der Affektregulation und der Impulskontrolle (Herpertz, 2011, 2020; Schmahl et al., 2018). Menschen, die von BPS betroffen sind, haben Probleme, zwischen verschiedenen Emotionen zu unterscheiden (Niedtfeld & Schmahl, 2012). Viele Studien stellten eine Übererregung der Amygdala fest, wenn negative sowie neutrale Reize mit emotionalen Gesichtsausdrücken präsentiert wurden (Niedtfeld & Schmahl, 2012; Soloff et al., 2017). Im Vergleich zur Kontrollgruppe mit gesunden Teilnehmer*innen neigen Patient*innen mit BPS dazu, negative Emotionen auf Reize mit neutralen Gesichtsausdrücken zu projizieren. Eine andere Untersuchung (Schmahl et al., 2006) zeigte, dass BPS-Patient*innen im Vergleich zu Gesunden eine verringerte Schmerzsensitivität aufweisen, die mit einer veränderten Bewertung der schmerzhaften Reize interpretiert wurde.

Laut Herpertz (2011) haben Menschen mit BPS eine durchschnittlich 9fach erhöhte, subjektiv sehr aversiv erlebte Spannung. Diese Spannungszustände zeichnen sich durch einen schnellen Anstieg, aber verzögerten Abfall aus. Die mangelhaften Affektregulation und Impulskontrolle, die sowohl die Wahrnehmung der Umwelt als auch die soziale Interaktion beeinträchtigen, stehen in einem engen Zusammenhang nicht nur mit funktionellen, sondern auch mit strukturellen Veränderungen im Gehirn (Bear et al., 2012; Winter et al., 2015). Studien mit der funktionellen Magnetresonanztomographie (fMRT) zeigen ebenfalls strukturelle Veränderungen wie eine Volumenverringerung von Amygdala und Hippocampus – Bereiche, die eine wichtige Rolle bei der Emotions- und Informationsverarbeitung sowie der räumlichen Orientierung spielen (ebd.).

3.2.3 Hypothese und Ziel der Projektarbeit

Menschen mit einer Borderline-Persönlichkeit zeigen große Beeinträchtigung bei der Gestaltung zwischenmenschlicher Beziehungen. Aufgrund einer erhöhten Impulsivität und affektiven Instabilität schwanken sie intensiv zwischen Idealisierung und Abwertung, pendeln zwischen den zwei entgegengesetzten Polen in einem Schwarz-Weißen-Muster. Dieses Verhalten stellt selbst die Therapeut*innen bei der Beziehungsaufbau vor großen Herausforderungen. So bewegen sich die Menschen sehr sprunghaft zwischen Realität und Fantasie, mit erschwerter Realitätsbezug (Stanoeva, 2018).

Pathologische Organisationen bei BPS werden in der Theorie oft als „Zustände des seelischen Rückzugs" beschrieben – in Bildern von Höhlen, sicheren Häfen, fernen Ländern oder einsamen Inseln – Orte, die Sicherheit und Geborgenheit gewähren (Weiß, 2009). Die Zufluchtsorte, die ursprünglich vor unerträglichen Ängsten schützen sollen, verwandeln sich oftmals in Sackgassen (ebd.). Um komplexe psychische Organisationsformen zu untersuchen, fuhr Melanie Klein zwei „Positionen" in ihrem Konzept ein, die ihrer Meinung nach in Bezug zueinanderstehen: *paranoid-schizoide* und *depressive Position* (1935, zit. n. Fonagy, 2009, S. 92). In ihrer Arbeit beschrieb Klein (1946, S. 8) die Persönlichkeitsentwicklung als „ein beständiges Oszillieren zwischen projektiven und introjektiven Bewegungen, zwischen Phasen von Integration und Desintegration". Wilfred Bion (1990) begriff das Oszillieren zwischen *paranoid-schizoider* und *depressiver Position* als Teil eines Entwicklungsprozesses. Nach Klein (1946) sind die Objektbeziehungen in der *paranoid-schizoiden Position* durch *Fragmentierung, Spaltung* und primitive *projektive Identifizierung* gekennzeichnet. Die *depressive Position* dagegen wird durch Beziehungen zu ganzen Objekten charakterisiert. Die Integration wird hier möglich durch das Erkennen, dass das gleiche Objekt unterschiedliche Emotionen hervorrufen kann, sowohl negative als auch positive (ebd.). John Steiner (1993 zit. n. Weiß, 2009) modifizierte Kleins Modell und fuhr eine zusätzliche, dritte Position ein – *die Borderline-Position* („Psychic Retreat"). Laut Steiner befindet sich diese an der Grenze zwischen innerer und äußerer Realität und steht mit den anderen zwei Positionen in einem dynamischen Gleichgewicht (ebd.).

Die Idee, dass bei BPS eine eigene Wirklichkeit sowie Wahrnehmung von Zeit und Raum entstehen, ist nicht neu. Auch die Vorstellung von „Orte des seelischen Rückzugs" ist bekannt. Mir war es wichtig herauszufinden, wie sich diese psychoanalytischen Konzepte in der Kunsttherapie äußern. Zusätzlich suchte ich nach Antworten, auf welche Weise das Wissen um diese Refugien den Behandlungsprozess beeinflussen kann. Entscheidend für den therapeutischen Prozess ist meines Erachtens unsere Fähigkeit in der Kunsttherapie, diese Positionen sichtbar, qualitativ beschreibbar und körperlich erfahrbar zu machen. Auf diese Weise können sie Verbindung und Integration erleichtern und zu einem Potenzial für Veränderung werden.

Das Ziel meiner Untersuchung ist herauszufinden, ob die Arbeit mit künstlerischen Mitteln das Alles-oder-Nichts-Muster der Bewegung bei Menschen mit BPS verändern und das Pendeln zwischen den Polen ausgleichen kann. Als Objekt dieser Forschung untersuche ich die Bewegungen einer Gruppe von Patient*innen im klinischen Kontext. Dabei wurden sowohl die „sicheren Orte" und „Zufluchtsorte" im Rahmen des kunsttherapeutischen Projekts betrachtet als auch die Relation zwischen Realität und Fantasie berücksichtigt. Meiner Meinung nach kann die Zugehörigkeit der traumatischen Erlebnisse oder der sog. „Zufluchtsorte" der Patient*innen mithilfe einer Linie sichtbar gestellt werden (Stanoeva, 2018). Die Verbindung dieser Orte in einer Bewegungslinie könnte unter Umständen den Integrationsprozess unterstützen, da diese bereits aus dem zeitlichen und räumlichen Kontinuum herausgeholt sind, unabhängig von Kontext und Realität. Auf diese Weise werden die Orte auf eine Linie verschoben, die ich als *Erlebnislinie* bezeichne (Stanoeva, 2018). Diese weist eine eigene Logik und Gesetzmäßigkeit auf und hat eine eigene Richtung, die weder in die Zukunft noch in die Vergangenheit führt, sondern eine ständige Bewegung dazwischen ist. Durch die Verschiebung in einer anderen Dimension wird die Verbindung der Orte ermöglicht. Wenn die einzelnen Punkte nicht zur Fläche gehören, die im Prozess von mir „Realität" genannt wird, so werden sie Teile einer Linie. Im Gegensatz zu Weiß (2009), der von „Ortlosigkeit" spricht, sind die Orte anderswo, aber nicht nirgendwo. So untersuchte ich die Bewegungen der Teilnehmende in ihrer Individualität, nicht in ihrer Existenz oder Funktionalität. Ich sehe meine Aufgabe darin, einen Raum zu bieten, in dem die Bewegungslinien mithilfe unterschiedlicher Medien im Atelier sichtbar werden und darin, mich zusammen mit den Patient*innen auf eine Entdeckungsreise auf diese Linie zu begeben.

Die Untersuchung nimmt an, dass der Umgang mit Grenzen bei Menschen mit BPS in einem engen Zusammenhang mit der Fähigkeit zur Verortung steht. Je klarer sich eine Person verorten kann, desto besser kann sie ihre eigenen Grenzen spüren und bestimmen, und desto differenzierter kann sie mit fremdbestimmten Grenzen umgehen. Zu diesem Zweck wurden verschiedene Ebenen untersucht: Neben der Beziehung zur Therapeutin, zum Objekt und zur Gruppe berücksichtigte ich auch die Beziehung zum Raum (Stanoeva, 2018, 2025).

3.2.4 Methodik

3.2.4.1 Institution und Zielgruppe

Das Projekt wurde im Zeitraum vom 9. Februar bis zum 31. März 2017 über acht Wochen in der Danuvius Klinik in Pfaffenhofen durchgeführt. An der Studie nahmen 16 Patient*innen (13 Frauen und 3 Männer) im Alter von 19 bis 48 Jahren (M=27,4; SD=8,3) teil, die sich zum Zeitpunkt in stationärer Behandlung nach dem DBT-Konzept befanden. Es handelte sich um eine offene Gruppe, die stets aus zehn Teilnehmenden bestand. Aufgrund der hohen Fluktuation durch Therapieabbrüche und geplanten Therapiepausen, nahmen ausschließlich zwei Patientinnen am gesamten Projekt teil.

3.2.4.2 Setting

Das kunsttherapeutische Setting war auf eine Einheit wöchentlich jeweils 75 min begrenzt. Die Einheiten des Projekts wurden immer gleich aufgebaut und können grundsätzlich in drei Phasen aufgeteilt werden: *Anfangsphase, Arbeitsphase* und *Abschlussphase.* In der *Anfangsphase* hatte jede*r Einzelne die Möglichkeit, Wohlbefinden, Emotionen oder Gedanken initial zum Ausdruck zu bringen. Als Überleitung zu der zweiten Phase dienten Achtsamkeitsübungen oder kurze interaktive Gruppenspiele. Die Achtsamkeitsübungen wurden entweder an die Wahrnehmung von Raum und Zeit oder an die Wahrnehmung der Gruppe gerichtet. In der *Arbeitsphase* erfolgte die Aufgabestellung sowie Ideenfindung, Materialwahl und aktive Gestaltung. Abschließend fanden in der dritten Phase Besprechung und Reflexion der Arbeiten statt.

3.2.4.3 Einheiten der kunsttherapeutischen Begleitung

Das von mir entwickelte Konzept besteht aus acht unterschiedlichen und aufeinander aufbauenden Einheiten, die im Folgenden ausführlich dargestellt werden.

Tab. 3.1 Einheiten der kunsttherapeutischen Begleitung

Einheit en	Aufgabe/ Schwerpunkt	Materialien	Setting
1.	**Kennenlernen:** Gespräch mit der Gruppe und Zielsetzung	Fragebogen	Gruppe
2.	**Verortung im Bild:** Nähe-Distanz, Bewegen und Verorten in Interaktion mit der Gruppe	Papier, Bastelkleber	Gruppe
3.	**Verortung im Raum:** Raum körperlich erfahren, Bewegen, Verorten im Raum, Abgrenzen	Tape, Papier, Stoff, Wolle, Draht u.a.	Einzeln in der Gruppe
4.	**3-D-Objekt gestalten:** Material und Form suchen Subjekt-Objekt-Beziehung	Ton, Gipsbinden, Pappmaschee, Draht, Zeitungspapier, Luftballons u.a.	Einzeln in der Gruppe
5.	**3-D-Objekt gestalten:** Erscheinungsbild Subjekt-Objekt-Beziehung	Farben, Spiegel- und Mosaiksteine, Perlen	Einzeln in der Gruppe
6.	**Bewegung im Raum:** Spuren hinterlassen, Bewegungslinie verfolgen, Verbinden und Abgrenzen	Papier, Draht, Tape, Garn u.a.	Gruppe
7.	**„Der sichere Ort“:** als 3-D Objekt gestalten Abgrenzen und Integrieren	Schachtel aus Karton, Papier, Farben, Filz, Watte, Spiegelsteine, Mosaiksteine	Einzeln in der Gruppe
8.	**Abschluss:** Gespräch mit der Gruppe „Was nehme ich von der Therapie mit?“ Integrieren	Papier, Kreiden, Postkarten, Fragebogen	Einzeln in der Gruppe

Während des Projekts hatten die Patient*innen die Möglichkeit sowohl an einem individuellen bildnerischen Prozess als auch an der Gruppeninteraktion zu arbeiten (Tab. 3.1).

3.2.4.4 Messinstrumente

Die Evaluation wurde auf mehreren Ebenen durchgeführt: Die gruppendynamischen Prozesse wurden mithilfe des IiGART – Modells (Kasper et al., 2013) dokumentiert (Interaktionsfelder: IF Gruppe – Gruppe und IF Gruppe – Therapeut); die einzelnen Patient*innen wurden ebenfalls mit IiGART – Modell dokumentiert (IF Patient – Werk, IF Patient – Gruppe, IF Patient – Therapeut). Die individuellen Prozesse während des gesamten Therapieverlaufs wurden mit DoKu*Pro* (Elbing & Hölzer, 2007; Elbing et al., 2009) erfasst. Vor und nach dem Projekt wurden die Teilnehmende mit einem von der Therapeutin entwickelten Fragebogen zur Erfassung ihrer momentanen Lebenssituation befragt. Zusätzlich wurde die räumliche und die innerlich erlebte Verortung mit einem grafischen Modell dokumentiert.

3.3 Ergebnisse berichten

Wenn das Forschungsprojekt abgeschlossen ist, folgt die umfangreiche Evaluation der aufwendig gesammelten Daten. Die Bewertung der Ergebnisse dieses Projekts erfolgte hauptsächlich in meiner Masterarbeit durch eine komplexe Analyse. Zusätzlich suchte ich verschiedene Möglichkeiten, meiner Arbeit mit der Öffentlichkeit zu teilen. Es folgten Posterpräsentationen, Teilnahmen an Konferenzen sowie schriftliche Veröffentlichungen. Aufgrund der zahlreichen Artikel zu der Forschungsarbeit gehe ich hier nicht weiter auf die Resultate ein. Vielmehr möchte ich an dieser Stelle die Leser*innen auf die Struktur von wissenschaftlichen Publikationen hinweisen.

Abstract

Hintergrund. Die vorliegende Masterarbeit untersucht die Phänomene Bewegung, Verortung und Abgrenzung bei Patient*innen mit einer Borderline-Persönlichkeitsstörung (BPS). Die Herausforderungen der therapeutischen Behandlung von Betroffenen sind auf deren charakteristische Impulsivität und affektive Instabilität zurückzuführen. In einer starken Schwingung zwischen Idealisierung und Abwertung haben die Menschen mit BPS Diagnose Schwierigkeiten in der Gestaltung von zwischenmenschlichen Beziehungen. Zudem bewegen sie sich in einem Grenzbereich zwischen innerer und äußerer Realität, und haben eine eigene Zeit-Raum-Wahrnehmung.

Ziel. Das Projekt erforscht die Bewegungs-, Lokalisierungs- und Grenzphänomene in der Kunsttherapie und basiert auf einem komplexen Interaktionsmodell, das die Körpersprache im Raum integriert. Die Forschung interessiert sich für Körperbewegungen der Teilnehmende in Verbindung mit dem kreativen Akt in der Kunsttherapie und untersucht die Frage, wie diese die Definition von Grenzen sowie die Kommunikation in der Gruppe beeinflussen.

Methoden. Das Konzept wurde über acht Wochen unterstützend zur Dialektisch-Behaviorale Therapie (DBT) in der Danuvius Klinik in Pfaffenhofen eingesetzt. Am Projekt nahmen 16 Patient*innen (13 Frauen und 3 Männer) im Alter von 19 bis 48 Jahren teil. Die Kunsttherapie wurde im Gruppensetting einmal wöchentlich für jeweils 75 min durchgeführt. Die Studie beruht auf Beobachtung und Dokumentation mit DoKuPro, IiGART-Modell und dem Fragebogen zur Erfassung der aktuellen Lebenssituation.

Ergebnisse. Die Analyse der Prozesse zeigte eine hohe Korrelation zwischen Bewegung, Verortung und Abgrenzung. Zu Beginn des Projekts dominierten eine feste hierarchische Struktur und Rollenverteilung in der Gruppe. Im Laufe des Pro-

jekts wurden die Teilnehmende zunehmend freundlicher und kooperativer in der Gruppe sowie arbeiteten häufiger in einem Flow-Zustand.
Diskussion. Die Evaluation bestätigte einerseits das typische Bewegungsmuster bei BPS, andererseits dokumentierte Veränderungen des Verhaltens. Mithilfe des durchgeführten Projekts konnte festgestellt werden, dass die Arbeit mit künstlerischen Mitteln in der Therapie die Enthüllung unsichtbarer Phänomene wie Bewegung, Raum und Grenzen erleichtert. Die Kunsttherapie im Gruppensetting unterstützt die Entstehung des Zugehörigkeitsgefühls und kann somit die individuellen Prozesse von Verortung und Abgrenzung sowie die emotionale Selbstregulation fördern, wodurch das allgemeine Wohlbefinden der Klient*innen verbessert wird.
Schlussfolgerung. In der Kunsttherapie können Beziehungsperspektiven aufgegriffen und verarbeitet sowie neue Erkenntnisse gewonnen werden, die einen positiven Einfluss auf andere zwischenmenschliche Beziehungen haben könnten. Zusätzlich ermöglichen die kreativen Medien die Reflexion und Integration traumatischer Erfahrungen.

Keywords *Kunsttherapie, Borderline-Persönlichkeitsstörung, Projektive Identifizierung, Container, Bewegung, Verortung, Abgrenzung, Soziale Interaktion*

3.4 Zusammenfassung

Die oben dargelegten systematischen Vorgehensweisen veranschaulichen die Entwicklung einer Projektarbeit von der initialen Idee im Rahmen des Studiums über die eigenen künstlerischen Experimente im Atelier bis hin zur praktischen Durchführung mit einer Gruppe von Patient*innen im klinischen Bereich. Es handelte sich dabei um ein Forschungsprojekt, dessen Ergebnisse im Rahmen der Masterarbeit evaluiert und analysiert wurden. Die Analyse der Studie ist kein Objekt dieses Buches. Vielmehr sollten der komplexe Entwicklungsweg des Konzepts sowie die Verbindung mit theoretisch fundierten Thesen geschildert werden. Zusammenfassend lässt sich sagen, dass diese Projektarbeit das Ziel hatte, die Körperbewegungen von BPS-Patient*innen zu untersuchen, die mit ihrer Expression die Definition von Raum und Grenzen sowie die Kommunikation beeinflussen. Die Untersuchung zeigte, dass die Arbeit mit den kreativen Medien die körperlichen und räumlichen Erfahrungen der Teilnehmende sichtbar, greifbar und qualitativ beschreibbar machte. Eine Erweiterung des Handlungsrahmens zwischen dem Blatt Papier, Raum und Objekt erleichterte die Fähigkeit zum Verorten in verschiedenen räumlichen Kontexten (Stanoeva, 2018). Die Einbeziehung des Körpers in raumergänzende Bewegungen unterstützte die Erkennung der damit verbundenen Grenzen. Die Beziehung zwischen *Linie, Fläche* und *Form* kann in dieser Arbeit als künstlerischer Ausdruck für *Bewegung, Verortung* und *Abgrenzung* gesehen werden. Das Erkennen von Berührungspunkten, die Akzeptanz der Abgrenzungen oder die Verbindung des Individuums (als Teil) mit der Gruppe (als Ganze) kann die Reflexion und Integration traumatischer Erfahrungen positiv unterstützen.

4 Kunsttherapeutisches Projekt im Rahmen der klinischen Tätigkeit

Wenn sich die Idee für eine Projektarbeit intern entwickelt, könnte es eine Initiative der Institution oder der Kunsttherapeut*innen selbst sein. Das hier beschriebene Projekt sollte als Beispiel dienen, wie sich das Vorhaben im Rahmen der klinischen Tätigkeit entwickeln könnte. Im Mittelpunkt stand der Wunsch, ein spezielles Kunstprojekt für eine geschützte Station zu entwickeln, an dem sich ein Großteil der Patient*innen beteiligen kann.

4.1 Kunsttherapeutisches Projekt auf der Suchtstation

Eine Anfrage bezüglich Projektarbeit kam intern von der Klinik für Suchtmedizin an die Kunsttherapie. Eine der Stationen beheimatet Patient*innen mit der sog. Doppeldiagnose – Sucht und Schizophrenie. Die Station ist geschützt, d. h. die Menschen dürfen diese ausschließlich für die Therapieangebote unter Aufsicht des Pflegepersonals verlassen. Beispielsweise wird eine kleine Gruppe vom Pflegepersonal zur Kunsttherapie begleitet, dort in die Verantwortung der Kunsttherapeutin übergeben und nach dem Setting wieder abgeholt und zurück zur Station gebracht. Als Teil des Behandlungskonzepts findet die Kunsttherapie ein bis zweimal wöchentlich statt, zusätzlich werden andere Fachtherapien angeboten wie Sport-, Musik- und Ergotherapie. An den Therapien teilzunehmen ist die einzige Möglichkeit für diese Zielgruppe aus der Suchtstation herauszukommen und sich in andere Räumlichkeiten aufzuhalten. Allerdings haben alle Gruppenangebote eine bestimmte Anzahl an Plätze zur Verfügung. Dazu kommt auch die Tatsache, dass einige der Patient*innen bereits körperliche Schwächen aufweisen bzw. altersbedingt in ihre Bewegung eingeschränkt sind. Aufgrund von Personalmangel kann

A. Stanoeva, *Klinische Kunsttherapie*, essentials,
https://doi.org/10.1007/978-3-658-52253-7_4

oft keine individuelle Betreuung gewehrleistet werden. Solche Limitationen erschweren die Abläufe auf die Station. In diesem Fall findet die Kunsttherapie in einem anderen Haus auf dem Gelände statt. Prinzipiell werden nur die Patient*innen zu den Therapieangeboten begleitet, die selbstständig sind und als relativ fit in ihrer Verfassung gelten. Aufgrund der spezifischen Problematik der betreffenden Zielgruppe bleiben einige der Patient*innen für längere Zeit auf der Station, da oft ein Prozedere für weiterführende soziale Einrichtungen oder Heime eingeleitet wird und sie auf einen freien Platz warten müssen.

Mit der eingeleiteten Anfrage schilderte das Team die folgende Problematik: Viele Patient*innen verbringen eine lange Zeit zusammen in den Behandlungsräumen der Station. Sie müssen auf einem engen Raum einerseits mit der Suchtsymptomatik kämpfen, andererseits haben sie wenig Möglichkeiten für eine Ablenkung. Ein großes Thema der Klientel ist das Rauchen, als eine Möglichkeit zum Zeitvertreib und mit Craving umzugehen. Das Team äußert den Wunsch, ein Kunstprojekt in den Gemeinschaftsräumen der Station zu organisieren, so dass eine größere Anzahl der untergebrachten Menschen über einen längeren Zeitraum teilnehmen kann, die sonst kein Zugang zu den regulären Therapieangeboten hätten. Einerseits stand der Wunsch nach Beschäftigung im Vordergrund, andererseits die Aufforderung an die Kunsttherapeutin, die räumlichen Gegebenheiten zu verschönern.

Um eine Projektarbeit auf diese Station konzeptualisieren zu können, wollte sich die Kunsttherapeutin zuerst selbst ein Bild vor Ort verschaffen und die Möglichkeiten für kreative Arbeit einschätzen. Außerdem war es wichtig, die Wünsche und Erwartungen der Stationsleitung und des gesamten Teams zu hören und in der Planung zu berücksichtigen.

4.2 Vorbereitungsphase

4.2.1 Erstes Kennenlernen: Besprechung mit dem Team

Es wurde einen Termin zum Kennenlernen mit der Stationsleitung vereinbart. Die Kunsttherapeutin besuchte die geschützte Station und traf sich mit einem Teil des Teams: leitende Oberärztin, Stationsleitung, Psychologin, sowie einige Mitarbeitende des Pflegepersonals. Die gegenseitigen Erwartungen wurden zum Ausdruck gebracht, verschiedene Ideen gesammelt, sowie räumliche und finanzielle Möglichkeiten erörtert. Bei diesem Besuch wurden der Therapeutin zwei Optionen angeboten: den Aufenthaltsraum und den Raucherraum, die mit künstlerischen Mitteln verändert und verschönert werden sollten. Der Kunsttherapeutin fiel es sofort auf, dass die beiden Räume nicht nur einen unterschiedlichen Charakter hatten, sondern in ihrer Atmosphäre ganz gegensätzlich erschienen. Im Folgenden werden diese Unterschiede näher beleuchtet.

4.2.1.1 Aufenthaltsraum

Der Raum ist geräumig und hell. Es gibt viele Sitzgelegenheiten wie massive Ledersessel, die „U"-förmig im Raum platziert sind. Einige kleine Tische dazwischen unterbrechen die starre Reihe von Sesseln. Ein großer Fernseher ist in einem Wandregal integriert. Die gesamte Einrichtung wirkt massiv, starr sowie wenig einladend. Durch die Einrichtung erinnert die Atmosphäre jene eines Altenheims.

Eine große Wandmalerei zieht immer wieder den Blick der Therapeutin auf sich: Es ist ein großer Baum. Es handelt sich um den Rest eines älteren Kunstprojekts. Dem Bild fehlt es an Plastizität und Farbkolorit. Es wirkt eher flach, blass und eintönig. Der Baum weckt interessante Assoziationen und Gefühle in der Kunsttherapeutin, denn ihm fehlt es an Lebendigkeit und Ausdrucksstärke. Als eine Option für das Kunstprojekt sieht das Personal eine Neugestaltung der Wand.

4.2.1.2 Raucherraum

Es ist ein schmaler und dunkler Raum, der in einer dichten Wolke Zigarettenrauch getaucht ist. Ein kleines, vergittertes Fenster gewährt den Blick nach draußen. Der Raucherraum scheint ein lebhafter Begegnungsort auf Station zu sein, stets voll und belebt mit Patient*innen, die rauchen wollen. Im Gegensatz zu dem statischen, monotonen Aufenthaltsraum mit dem eintönigen Baum an der Wand, wirkt dieser durch die gekritzelten Zeichnungen an die ausgebleichten Wände ziemlich lebendig: Bilder und Schriften mit Kugelschreiber treffen dynamisch und kreativ aufeinander und enthalten unzensierte Botschaften. Die Texte sind frei und authentisch: Sie bringen Gedanken und Gefühle zum Ausdruck, gleichzeitig spiegeln sie die Bedürfnisse und Wünsche der Menschen, die sie verfassten. Die Patient*innen teilten sich offen und originell mit und hielten alles fest, was sie während des Aufenthalts emotional bewegte. Die nächsten beantworteten, ergänzten die Sätze, schrieben ihre eigenen Botschaften nieder, so dass ein reger Austausch bzw. eine authentische Kommunikation über die Zeit entstanden war. Der Wünsch der Station war es, diese „sinnlose Kritzeleien" von den Wänden zu beseitigen, den Raum neu streichen zu lassen und „etwas Schönes daraus zu machen". Das Personal gab schon zu, es seien auch einige interessante Zeichnungen dabei, aber es sei technisch unrealistisch, die Bilder zu behalten.

4.2.2 Sammeln und Archivieren von Sinneseindrücken

In der Vorbereitungsphase wurden die räumlichen Gegebenheiten der Station von der Kunsttherapeutin geprüft und fotografisch dokumentiert. Sowohl die Räume, die für ein Kunstprojekt in Frage kamen, als auch die Wände mit den vorgefundenen Bildern wurden von ihr abfotografiert. Die Dokumentation war einerseits notwendig, um den aktuellen Zustand der Räumlichkeiten festzuhalten sowie die authentischen Bilder aufzubewahren, andererseits sollten diese Fotografien der Entwicklung der angehenden Projektarbeit dienen.

Bei der Ansicht der entstandenen Fotografien entschied sich die Kunsttherapeutin dafür, bestimmte Bilder an den Wänden in Originalgröße zu dokumentieren. Zu diesem Zweck bediente sie sich einer großen Rolle Transparentpapier und suchte bestimmte künstlerische Motive aus, die sie dann mit Bleistift sorgfältig abpauste. Einige Patient*innen beobachteten neugierig die rätselhaften Handlungen der Kunsttherapeutin, die im engen, vernebelten Raum, hustend nach interessanten Motiven suchte und beschlossen, sie dabei zu unterstützen. Dies war eine gute Gelegenheit für sie, in Kontakt mit den Patient*innen zu treten sowie ihren Alltag auf Station ein wenig kennen zu lernen. Zusätzlich versetzte sich die Therapeutin durch das Abpausen in der Lage dieser Menschen mit all dem, was sie dort gedanklich und emotional beschäftigte. Durch die Dokumentation wurde einerseits die Aufbewahrung der Motive gewehrleistet, andererseits ermöglichte das Nachzeichnen, Formen und Sprache der Zielgruppe näher zu studieren, nachzuempfinden und zu spiegeln. Dadurch, dass sie zahlreiche Kopien mit Feinliner eigenhändig anfertigte, konnte die Therapeutin diese in verschiedenen Versionen weiterentwickeln, indem sie einige Elemente leicht veränderte. Eine minimale Zensur seitens der Kunsttherapeutin fand ebenfalls statt: Aus der Fülle von Botschaften wurden manche Elemente in ihrer Intensität reduziert, andere weggelassen. Zusätzlich verstärkte sie den künstlerischen Ausdruck interessanter Motive, beispielsweise durch Hervorhebung mit Farbe. In diesem Prozess setzte die Therapeutin ihr geschultes Auge ein, das sie auf der Suche nach künstlerisch authentischen Ausdrucksformen unterstützen sollte. Diese Motive wurden zum Teil auf das Wesentliche abstrahiert oder in ihrem kunsttherapeutischen Potenzial verändert und weiterentwickelt.

Gleichzeitig sammelte die Kunsttherapeutin weitere Ideen für ein Konzept, das eine kunsttherapeutische Intervention beinhaltete, beispielsweise das Motiv des Fensters aufzugreifen und im Raum zu wiederholen; Leinwände zusammen mit den Patient*innen zu bauen, da Ihnen auch eine handwerkliche Betätigung guttun könnte; auf den gemalten Baum im Aufenthaltsraum mit bildnerischen Methoden zu reagieren, u. a.

4.2.3 Institutionelle Rahmenbedingungen

Die Station schrieb einen gesonderten Antrag auf Renovierung des Raucherraums. Etwa sechs Monate später wurde der Raum von den Handwerkern frisch angestrichen. Die Dauer lag zum Teil an der Größe der Institution und der Bearbeitungszeit aller Aufträge im Krankenhaus, zum Teil an den speziellen Anforderungen für solche Räumlichkeiten. Der Faktor Zeit konnte bei dieser Projektarbeit nicht vorhergesehen werden, dennoch war er nicht von großer Bedeutung, da sich die Initiative im Rahmen der Tätigkeit an der Klinik entwickelte.

Außer der organisatorischen spielten vor Allem die räumlichen Bedingungen eine entscheidende Rolle für die Weiterentwicklung. In geschützten Stationen der Psychiatrie gelten besondere Vorschriften und strenge Schutzmaßnahmen für alle Räume, natürlich unterliegt ein Raucherraum noch strengere Regeln des Brandschutzes.

Auch Materialien, von denen eine potenzielle Verletzungsgefahr ausgehen könnte, sollten ausgeschlossen werden. Dies brachte gleich zu Beginn massive Limitationen mit sich mit. Die Ausschließung von Holzplatten, Leinwänden (Keilrahmen), Plexiglas, Stoff oder Papier führte zur extremen Einschränkung der Materialien sowie der kreativen Umsetzung eines Projekts. Metall- oder Massivholzplatten kamen anfangs als Material in Frage, wurden im Nachhinein wegen der Verletzungsgefahr doch abgelehnt.

4.2.4 Weitere Limitationen

Nach dem Bericht des Brandschutzes mit den Einschränkungen wurde die Aufgabe, ein Kunstprojekt zu konzipieren, immer schwieriger und anspruchsvoller für die Kunsttherapeutin. Sie nahm Kontakt direkt mit den Handwerkern auf, Schreiner, Maler, etc., um alle Möglichkeiten zu erörtern. Zwei Optionen wurden anfangs näher betrachtet – eine Metall- oder eine Gipsplatte als Material zu verwenden. Eine Metallplatte könnte an die Wand befestigt und mit Graffiti besprüht werden. Als Nachteil wurde erneut auf die Verletzungsgefahr hingewiesen. Die Platte hat scharfe Kanten, außerdem muss sie komplett an die Wand festgeklebt werden, was sich als schwierig erwies. Die zweite Möglichkeit war es mit einer Gipsplatte zu arbeiten, da diese als Material eher brandhemmend und leichter zu befestigen wäre. Wegen Bruchgefahr der Gipsplatte aber müssen die Ecken mit einem schmalen Holzrahmen gesichert werden. Und somit befanden wir uns erneut am Ausgangspunkt, denn laut Vorschriften dürfen wir kein Holz als Material im Raucherraum verwenden.

4.2.5 Konzeptentwicklung: Besprechung mit der Zielgruppe

Die Kunsttherapeutin nahm erneut Kontakt mit den Patient*innen von der Station auf, um gemeinsam mit ihnen neue Ideen für das Kunstprojekt zu sammeln und zu diskutieren. Einige kreative Impulse wurden bei dieser Besprechung aufgegriffen:

4.2.5.1 Banksy als Vorbild der Rebellion

Es wurde eine 2 m große Gipsplatte zur Verfügung gestellt, die mit Graffiti bemalt und an die Wand im Raucherraum befestigt werden sollte. Zu diesem Zweck sollten die Patient*innen gemeinsam eine Vorlage für die Schablone aussuchen, die Platte vorbereiten, mit Farbe grundieren und mit den Acryl Sprühdosen sprühen. Es lagen viele verschiedene ausgedruckte Vorlagen und Vorbilder vor. Die Projektteilnehmende entschieden sich für ein Motiv von Banksy – *„Flower Thrower“*.

4.2.5.2 Das Fenster als Sehnsucht nach Freiheit

Das Konzept des Fensters wurde oft in den Zeichnungen an den Wänden im Raucherraum wiederholt. Aus diesem Grund wurde es hier ebenfalls aufgegriffen und bildnerisch weiterentwickelt. Die Patient*innen äußerten den Wunsch, ein oder zwei Fenster auf einer der Wände im Raucherraum anzumalen, die die Aussicht durch Landschaftsbilder illusorisch nach außen ausdehnen. So wollten die Teilnehmende den engen, dunklen Raum bildnerisch mehr öffnen und erweitern sowie die kreative Verbindung zwischen Innen und Außen schaffen.

4.2.5.3 Integration der Originale

Zusätzlich zu den Erneuerungen hatte die Kunsttherapeutin das Ziel, die „alten“, originalen Zeichnungen, die sie bereit von den Wänden achtsam übernahm und als Replik weiterentwickelte, in den frisch gestrichenen Raucherraum wieder zu integrieren. Zu diesem Zweck ließ sie einige der dokumentierten und erweiterten Motive auf eine selbstklebende durchsichtige Folie farbig drucken. Durch Ihre bildnerische Weiterentwicklung in *Response Art* (Stanoeva, 2025) entstanden komplett neue Darstellungen, die sowohl die alten Zeichnungen der Patient*innen als auch die künstlerische Reaktion der Therapeutin enthielten, und zu einem gemeinsamen Werk wurden. Diese sollten später eine neue dennoch authentische Atmosphäre im Raum erzeugen (Abb. 4.1, 4.2).

Abb. 4.1 Darstellung der Kunsttherapeutin, entwickelt aus den authentischen Zeichnungen an den Wänden im Raucherraum

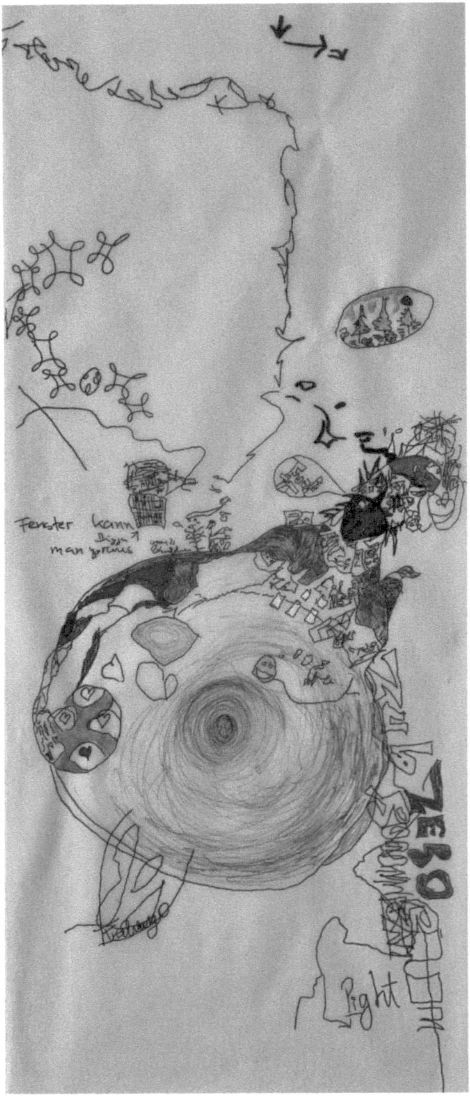

Abb. 4.2 Darstellung der Kunsttherapeutin, entwickelt aus den vorgefundenen Zeichnungen an den Wänden im Raucherraum.

4.3 Phase der Umsetzung

Nach Monaten langen intensiven Vorbereitungen, Gesprächen mit der Stationsleitung, Überlegungen mit den Patient*innen, Diskussionen mit Handwerkern und Brandschutz, Abwägungen der Kunsttherapeutin, war es endlich soweit, die praktische Phase der Umsetzung des Projekts zu beginnen.

4.3.1 Aufenthaltsraum

Die praktische Ausführung begann im Aufenthaltsraum mit der großen Graffiti-Arbeit. Die bereits bestellten Materialien, eine große Gipsplatte sowie weiße Wandfarbe, wurden auf die geschützte Station geliefert. Ausgerüstet mit Pinsel und Malerwalzen leitete die Kunsttherapeutin die ersten Schritte der kreativen Phase ein. Nachfolgend grundierten die Patient*innen gemeinsam die Platte mit der weißen Wandfarbe.

Im Raucherraum selbst grenzten die Teilnehmende eine Wandfläche ein und begannen sie diese als Fenster zu gestalten, indem ein Fensterrahmen entstand. Die Patient*innen beteiligten sich aktiv an die Farbauswahl, Größe, Form der Darstellung sowie Einordnen der einzelnen Motive.

Wenige Tage später, nachdem die vorbereitete Platte durchgetrocknet war, brachte die Kunsttherapeutin den Patient*innen die ausgesuchte Vorlage sowie die Spraydosen mit. Die Vorlage von „Flower Thrower", ein Bild von Banksy, wurde mit einem Projektor von ihr entsprechend vergrößert und mit Bleistift auf eine große Papierrolle übertragen. Anschließend wurde das Zentralmotiv von der Kunsttherapeutin mit einem Cuttermesser vorsichtig ausgeschnitten. Die Patient*innen zeigen Hilfsbereitschaft und Motivation bei der Vorbereitung der Platte für den nächsten Schritt, sowie bei der Befestigung der Vorlage auf die Platte. Eine Patientin ergriff mutig die Initiative und besprühte das Motiv mit schwarzer Farbe auf den weißen Hintergrund. Die anderen halfen ihr, die Vorlage vorsichtig von der Platte zu entfernen. Anschließend wurden einige Stellen mit weißer Farbe ausgebessert. Es sollte noch der Blumenstrauß zum Motiv ergänzt werden. Die Patient*innen suchten eine Mitpatientin auf, die ihrer Meinung nach sich auf die Blumenmalerei spezialisierte und baten sie darum, sich am Projekt zu beteiligen, indem sie die Blumen fertigstellen sollte. Die junge Frau willigte ein und vertiefte sich detailliert in den Blumenstrauß. Die Patientin arbeitete noch eine bis zwei Wochen an der farbigen feinen Ausarbeitung der Blüten. Nachdem das Bild fertiggestellt war, sollte die Platte mit einem schmalen Holzrahmen verstärkt und anschließend aufgehängt werden.

Exkurs
Durch den Kontakt mit der Kunsttherapeutin während der Projektarbeit entdeckte die junge Patientin mit dem Blumenstrauß die Kunst als wichtige Ressource, ihre Arbeit und Talent haben große Resonanz und Wertschätzung beim Team ausgelöst, so dass für sie anschließend Kunsttherapie wöchentlich im Einzelsetting organisiert wurde.

Gleichzeitig passierte etwas Interessantes, sobald die Gipsplatte fertig angemalt war. Wochenlang mit der Vorbereitung der Platte beschäftigt, wünschten sich die Patient*innen unerwartet ihre Anbringung nicht im Raucherraum, sondern im Aufenthaltsraum. Zum einen bekamen sie die Sorge, dass die Farben dort vom Rauch schnell verblasen würden oder die Platte beschädigt werden könnte. Zum anderen hatten sie den unvermittelten Wunsch, den anderen Raum mit dem trostlosen Baum neu zu gestalten und somit die Atmosphäre dort wesentlich zu verändern.

4.3.2 Der Raucherraum

In der kreativen Phase kamen die Teilnehmende in die Aktivität und konnten dadurch ihre Kraft sowie Handlungsfähigkeit wieder spüren. So schuf die gemeinsame künstlerische Arbeit einen Raum, in dem Autonomie, Selbständigkeit und Entschlossenheit vorherrschen durften. Nachdem sich die Patient*innen umentschieden hatten, wo das Banksy-Bild hängen sollte, kam es erstmalig zu einer bedeutenden Änderung der Pläne. Es startete erneut die Aktion, in der wieder die institutionellen Handwerker involviert werden mussten: Der Maler sollte jetzt den Aufenthaltsraum auf der Station frisch streicheln; Der Schreiner bereitete in dieser Zeit den Holzrahmen für die Gipsplatte vor. Zum Schluss wurde das Bild entsprechend den Wünschen der Patient*innen an die Wand im großen Gemeinschaftsraum befestigt.

Bei der Gestaltung des illusorischen Fensters an der Wand im Raucherraum entschieden sich die Teilnehmende für eine Landschaft von Vincent van Gogh als Vorlage. Ein Fensterrahmen grenzte die Wandmalerei ein, im Innenraum – die Landschaft. Der malerische Feldweg führt zu einem kleinen Haus mit einem stattlichen Baum. Eine Gruppe beteiligte sich fleißig und malte schrittweise das Bild: zuerst kam die Baumkrone, dann der Baumstamm, Sonne, Himmel sowie eine üppige Blumenwiese folgten, später wurde das Haus hinzugefügt, anschließend der Weg zum Haus gelegt, drei kleine Bäume wurden neben dem ersten großen Baum gemalt. Es ist ein Gemeinschaftsbild, bei dem jede einzelne Person auf das Gemalte von dem Vorgänger bzw. der Vorgängerin antwortete und das Bild weiterführte, indem Raum für die Nächsten beachtet wurde.

Während der Aufenthaltsraum durch frische Farbe und ein zwei Meter großes Bild ganz neue Gestaltung gewann, musste für den Raucherraum einen neuen Plan überlegt werden. Da alle anderen Optionen bereits im Vorfeld ausgeschöpft waren (Holz, Metall, Glas, etc.), bekamen wir vom Brandschutz die Freigabe für die Einbringung einer Platte aus Sicherheitsglas. Diese sollte erneut die speziellen Anforderungen erfüllen, wie z. B. abgerundete und geschliffene Ecken bekommen, um Verletzungsgefahr auszuschließen. Eine durchsichtige selbstklebende Folie mit bedruckten Motiven konnte zwar verwendet werden, musste aber ausschließlich auf die Rückseite (zwischen Wand und Glas) der Platte angebracht werden. Dafür musste ein spiegelverkehrter Druck im Auftrag gegeben werden. Anschließend wurde die Glasplatte an der Wand befestigt. Diese komplizierte Technik ermöglichte die Integration von den vorgefundenen, auf das Pauspapier übernommenen und von der Kunsttherapeutin weiterentwickelten Motiven im Raucherraum. Diese kehrten verändert, transformiert und repliziert auf einer Glasplatte zurück. Durch die Transparenz der Folie und des Glases wurde der Kontakt zur ursprünglichen Wand erneut hergestellt. So konnten die aufgefrischte Wand und das weiterentwickelte Motiv erneut in Beziehung treten. Einige Zeit später als die Kunsttherapeutin die Station wieder besuchte, fiel ihr auf, dass durch die Platte eine neue Kommunikationsebene entstand: Die Patient*innen begannen kleine Zettelchen mit Botschaften und Bildern zwischen Wand und Platte zu platzieren.

Die Kunsttherapeutin übernahm zu Beginn viele verschiedenen Zeichnungen mit Kugelschreiber von den Wänden, die ihr besonders spannend erschienen. Diese entwickelte sie weiter, indem verschiedene Stellen verstärkt und farbig betonnt, während andere eher reduziert und abstrahiert wurden. Zum Schluss ließ die Therapeutin mehrere Selbstklebefolien bedrucken. So konnten weitere Bilder im Raum integriert werden.

4.4 Zusammenfassung

Das hier beschriebene Projekt der Suchtstation ist nicht nur ein anschauliches Beispiel für die komplexe Entwicklung eines internen kunsttherapeutischen Konzepts, angepasst an die Bedürfnisse der Zielgruppe und an die institutionellen Rahmenbedingungen. Vielmehr zeigt dieses die spezifische kunsttherapeutische Arbeitshaltung in *Response Art*, integriert in den Maßstäben einer vielschichtigen Projektarbeit. Fotografieren, Durchpausen, Übernehmen, Archivieren und Spiegeln authentischer Bilder ist nicht nur eine Bestätigung der Erfahrungen der Gruppe, sondern auch ein Weg des respektvollen und wertschätzenden Umgangs mit intensiven Themen. Des Weiteren ist die Methode des Spiegelbildes eine Antwortkunst und bietet die Möglichkeit, tiefgreifendes Studium zu betreiben sowie Veränderung und Entwicklung anzustoßen.

Durch die zahlreichen und strengen Limitationen dieser Projektarbeit war es nötig unkonventionell zu denken, stets im Kontakt zu bleiben und den Wünschen aller Beteiligten zu berücksichtigen. Durch einen regen Austausch von kreativen Impulsen zwischen der Kunsttherapeutin und den Patient*innen war es möglich, die originalen Bilder wieder in das Medium der Emergenz einzubetten. Auf diese Weise wurden sie von der Gemeinschaft als etwas Vertrautes und Zugehöriges wahrgenommen und akzeptiert. Bei diesem Projekt standen die gruppendynamischen Prozesse nicht primär im Vordergrund. Die Kunst ermöglichte die Entstehung eines Gemeinschaftsgefühls sowie die Erkundung von Autonomie, Handlungsfähigkeit und Selbstwirksamkeit in einer sehr eingeschränkten Umgebung.

Projektarbeit im Zusammenhang institutioneller Partnerschaft

5

Nicht selten entsteht eine Projektarbeit durch Kooperationen zwischen unterschiedlichen Institutionen. Ein Beispiel hierfür ist die entstandene Partnerschaft zwischen der Staatlichen Akademie der Bildenden Künste und des Universitätsklinikums „Alexandrovska" in Sofia. Laut dieser Vereinbarung wird speziell die Klinik für Psychiatrie zur Ausbildungsstätte für die Praxis der Studierende des Masterstudiengangs Kunsttherapie. Es gibt vor Ort keine Praxisanleiter*innen, denn die Kunsttherapie ist in Bulgarien noch nicht fest integriert im klinischen Behandlungskonzept. Aus diesem Grund verpflichten sich die Parteien, jeweils eine verantwortliche Person der Kollaboration zu ernennen: eine Ausbilderin der Studierende aus der Kunstakademie und eine Mentorin aus der Psychiatrie, die die Projektarbeit begleiten sowie miteinander koordinieren.

5.1 Projektrahmen

Das Projekt wurde als Pilotstudie zwischen den beiden Institutionen definiert und erstmalig organisiert. Es wurde im Zeitraum vom 16. bis zum 20. Februar 2026 über fünf aufeinanderfolgende Tage in der Klinik für Psychiatrie durchgeführt. An der Studie nahmen 25 Patient*innen (14 Frauen und 11 Männer) sowie fünf Studentinnen und ein Student teil. Zielgruppe des Projekts waren Patient*innen der Psychiatrie mit diversen Krankheitsbildern, die sich zum Zeitpunkt in stationärer, tagklinischer oder ambulanter Behandlung befanden. Zum Zweck des Projekts

A. Stanoeva, *Klinische Kunsttherapie*, essentials,
https://doi.org/10.1007/978-3-658-52253-7_5

wurden die Teilnehmende in zwei große Vergleichsgruppen aufgeteilt. Die Gruppen wurden durch die behandelnden Psychiater*innen der Klinik zusammengestellt. Das kunsttherapeutische Team hatte keinen Einfluss auf den Auswahlverfahren sowie keine Information über die genauen psychiatrischen Diagnosen.

5.2 Kunsttherapeutisches Konzept

Die beiden Gruppen bekamen jeweils eine Einheit Kunsttherapie von 90 min täglich. Die Einheiten des Projekts wurden fortschrittlich konzipiert, indem die Zeit der kreativen Arbeit langsam erhöht und die Komplexität der Aufgabe kleinschrittig gesteigert wurde. Das Setting kann grundsätzlich in drei Phasen gegliedert werden: *Anfangsphase*, *Arbeitsphase* und *Abschlussphase*. Die *Anfangsphase* enthielt eine kurze Einführung sowie Aufgabestellung. Die *Arbeitsphase* wurde unterteilt, indem die Teilnehmende drei verschiedene Materialien ausprobieren durften und jeweils eine kleine Aufgabe erfüllen sollten. Die sechs Studierende wurden zu zweit aufgeteilt und sollten an drei verschiedenen Tischen arbeiten. Jedes Team war nur für ein Material zuständig und sollte gemeinsam mit den Patient*innen gestalten. Aus diesem Grund wurde die Großgruppe der Teilnehmende ebenfalls in drei Kleingruppen geteilt, die rotierend die Arbeitstische in Zeitabständen wechselten, um alle Materialien kennenzulernen. Abschließend fanden in der dritten Phase Besprechung und Reflexion statt, indem die Menschen Emotionen, Gedanken und Erfahrungen in der Gruppe teilten. Das entwickelte Konzept bestand aus fünf aufeinander aufbauenden Einheiten, die im Folgenden ausführlich dargestellt werden (Abb. 5.1). Während des Projekts arbeiteten die Teilnehmende von dem individuellen Ausdruck zu einer Gruppengestaltung.

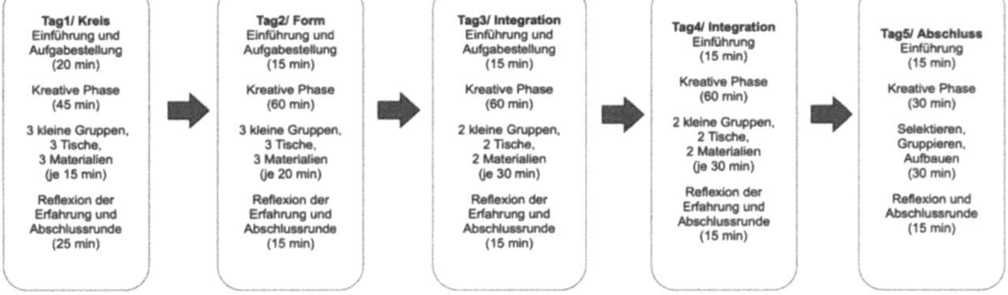

Abb. 5.1 Kunsttherapeutisches Konzept gegliedert in einzelnen Schritten

5.3 Projektziele

- Motivation zur Teilnahme an psychotherapeutischen Gruppen
- Einführung in die Besonderheiten der Kunsttherapie
- Kennenlernen unterschiedlicher künstlerischer Materialien und Techniken
- Sensorische Wahrnehmung und Differenzierung verschiedener Texturen
- Umsetzung einer kreativen Idee mithilfe strukturierter, aufeinander aufbauender Aufgaben
- Stabilisierung, Erdung und Entwicklung von Körperbewusstsein im Umgang mit den Materialien
- Abbau von Ängsten, Unruhe und innerer Anspannung
- Verbesserung von Konzentration und Ausdauer mithilfe von kleinen Übungen
- Gestaltung einer sicheren Umgebung für den kreativen und emotionalen Ausdruck sowie Verbindung mit der Gruppe
- Integration in der Gruppe durch parallele statt konkurrierender Arbeit
- Stärkung des Gefühls von Autonomie, Handlungsfähigkeit und Selbstwirksamkeit

5.4 Zusammenfassung

Das hier beschriebene Projekt ist insofern außergewöhnlich, weil sich die Mediziner*innen und Kunsttherapeut*innen auf eine besondere Kollaboration einließen. Dank der vertrauensvollen Beziehung auf professionaler Ebene konnte das Projekt verwirklicht werden. Die behandelnden Ärzt*innen suchten die Patient*innen aus, teilten sie in zwei Gruppen auf und motivierten sie zur Teilnahme am Projekt. Parallel wurde die Projektkonzeption von den Studierenden gemeinsam mit der Projektleiterin entwickelt, Vorbereitungen getroffen sowie Materialien organisiert. Das außenstehende kunsttherapeutische Team wurde in der Klinik für Psychiatrie lang erwartet und wertschätzend aufgenommen sowie tatkräftig für den Zeitraum unterstützt. So entfaltete das Projekt sein Potenzial nicht nur für die Menschen, die behandelt wurden, sondern auch für die Student*innen als ein neues und intensives Lernfeld (Abb. 5.2).

Abb. 5.2 Beispiele von Tonwerken, entstanden während des kunsttherapeutischen Projekts

Was Sie aus diesem *essential* mitnehmen können

Der Entwicklungsweg einer Projektarbeit ist stark mit den institutionellen Rahmenbedingungen verknüpft. Unabhängig von der Organisation haben die Projekte ein großes Potenzial für das Zusammenwachsen der Gemeinschaft.

- Die Projektarbeit unterscheidet sich wesentlich von der planmäßigen kunsttherapeutischen Praxis
- Die Rahmenbedingungen variieren stark je nach institutionellen Trägern
- Praxisprojekte erfordern eine intensive Kommunikation mit unterschiedlichen Berufsgruppen

A. Stanoeva, *Klinische Kunsttherapie*, essentials,
https://doi.org/10.1007/978-3-658-52253-7

Literatur

Abramović, M. (2016). *Durch Mauern gehen: Autobiografie*. Luchterhand Literaturverlag.

Baldassari, A. (1997). *Picasso und die Photographie. Der schwarze Spiegel*. Schirmer/Mosel.

Bear, M., Connors, B., & Paradiso, M. (2012). *Neurowissenschaften*. Springer Verlag.

Bedics, J., Atkins, D., Comtois, K., & Linehan, M. (2012). Treatment differences in the therapeutic relationship and introject during a 2-year randomized controlled trial of dialectical behavior therapy versus non-behavioral psychotherapy experts for borderline personality disorder. *Journal of Consulting and Clinical Psychology, 80*(1), 66–77.

Bion, W. R. (1962). *Learning from experience*. Maresfield Reprints.

Bion, W. R. (1990). *Lernen durch Erfahrung*. Suhrkamp.

Brand-Claussen, B. & Röske, T. (2008) (Hrsg.). Künstler in der Irre. *Ausstellungskatalog Sammlung Prinzhorn Heidelberg*. Heidelberg: Heidelberg. ISBN 978-3-88423-306-1.

Brochmann, I. (2000). *Die Geheimnisse der Kinderzeichnungen*. Verlag Freies Geistesleben.

Brohl, C. (2003). *Displacement als kunstpädagogische Strategie: Vorschlag einer heterotopie- und kontextbezogenen Diskurspraxis des Lehrens und Lernens*. Verlag BoD GmbH.

de Witte, M., Orkibi, H., Zarate, R., Karkou, V., Sajnani, N., Malhotra, B., Ho, R. T. H., Kaimal, G., Baker, F. A., & Koch, S. C. (2021). From therapeutic factors to mechanisms of change in the creative arts therapies: A scoping review. *Frontiers in Psychology, 12*, 678397. https://doi.org/10.3389/fpsyg.2021.678397

Elbing, U. & Hölzer, M. (2007). Entwicklung und erste Evaluation eines Instruments zur kunst- und gestaltungstherapeutischen Prozessdokumentation. *Musik-, Tanz- und Kunsttherapie*, 18(2), 85–99. Göttingen: Hogrefe Verlag.

Elbing, U., Hölzer, M., Danner-Weinberger, A., & von Wietersheim, J. (2009). Reliabilität und Validität des instruments ‚DoKuPro – Dokumentation Kunsttherapeutischer Prozesse". *Musik-, Tanz und Kunsttherapie, 20*(1), 1–7.

Famulla, R. (2009). *Joseph Beuys: Künstler, Krieger und Schamane. Die Bedeutung von Trauma und Mythos in seinem Werk*. Psychosozial-Verlag.

Fonagy, P. (2009). *Bindungstheorie und Psychoanalyse*. Klett-Cotta.

Haeyen, S., van Hooren, S., & Hutschemaekers, G. (2015). Perceived effects of art therapy in the treatment of personality disorders, cluster B/C: A qualitative study. *The Arts in Psychotherapy, 45*, 1–10.

A. Stanoeva, *Klinische Kunsttherapie*, essentials,
https://doi.org/10.1007/978-3-658-52253-7

Haeyen, S., van Hooren, S., Dehue, F., & Hutschemaekers, G. (2018a). Development of an art-therapy intervention for patients with personality disorders: An intervention mapping study. *International Journal of Art Therapy, 23*(3), 125–135.

Haeyen, S., Kleijberg, M., & Hinz, L. (2018b). Art therapy for patients diagnosed with personality disorders cluster B/C: A thematic analysis of emotion regulation from patient and art therapist perspectives. *International Journal of Art Therapy, 23*(4), 156–168.

Haeyen, S., Chakhssi, F., & van Hooren, S. (2020). Benefits of art therapy in people diagnosed with personality disorders: A quantitative survey. *Frontiers in Psychology,* 11:686.

Herpertz, S. C. (2011). Beitrag der Neurobiologie zum Verständnis der Borderline- Persönlichkeitsstörung. *Nervenarzt, 82,* 9–15.

Herpertz, S. C. (2020). Modulare Psychotherapie bei der Borderline-Persönlichkeitsstörung. *Psychotherapeut, 65*, 331–336.

Hirsch, M. (1989). Der eigene Körper als Objekt. In M. Hirsch (Hrsg.), *Der eigene Körper als Objekt. Zur Psychodynamik selbstdestruktiven Körperagierens*. Springer.

Kandinsky, W. (2020). *Punkt und Linie zu Fläche* (14. Aufl.). Benteli Verlag.

Kapitan, L. (2025). *Introduction to art therapy research*. Taylor & Francis. 978-1-03-265049-4.

Kasper, J., Klees, S. & Schulze, C. (2013). IiGART – Interaction in group art therapy. Abgerufen von http://www.doktormit.com/wp-content/uploads/Iigart_Manual_0108.pdf

Klein, M. (1946). *Bemerkungen über einige schizoide Mechanismen. Gesammelte Schriften 1946–1963* (Bd. III, S. 1–41). Frommann-Holzboog.

Koch, S. C. (2017a). Arts and health. Active factors and a therapy framework of embodied aesthetics. *The Arts in Psychotherapy, 54*, 85–91.

Koch, S. C. (2017b). Was hilft, was wirkt? Wirksamkeit und Wirkfaktoren der Tanz-und Bewegungstherapie. *Zeitschrift für Sportpsychologie, 24*(2), 40–53. https://doi.org/10.1026/1612-5010/a000191

Koerner, K. (2013). *Praxisbuch DBT: Strategien der Dialektisch-Behavioralen Therapie.* Beltz Verlag.

Kramer, M. (1995). *Klang & Skulptur. Der musikalische Aspekt im Werk von Joseph Beuys.* Verlag Jürgen Häusser.

Kreisman, J., & Straus, H. (2015). *Ich hasse dich – Verlass mich nicht. Die schwarzweiße Welt der Borderline-Persönlichkeit.* Kösel.

Kufus, T. & Veiel, A. (2017). BEUYS, Deutschland 2017., DOK.panorama

Lamont, S., Brunero, S., & Sutton, D. (2009). Art psychotherapy in a consumer diagnosed with borderline personality disorder: A case study. *International Journal of Mental Health Nursing, 18*, 164–172.

Linehan, M. (1996). *Dialektisch-behaviorale Therapie der Borderline-Persönlichkeitsstörung*. CIP-Medien.

Linehan, M., Comtois, K., Murray, A., Brown, M., Gallop, R., Heard, H., Korslund, K., Tutek, D., Reynolds, S., & Lindenboim, N. (2006). Two years randomized trial and follow-up of dialectical behavior therapy vs. therapy by experts for suicidal behaviors and borderline personality disorder. *Archives of General Psychiatry, 63*, 757–766.

Lucas, J., et al. (1994). „Die bekloppten Steine". Ein Kunst-am-Bau-Projekt in der Psychiatrie. In G. Schottenloher (Hrsg.), *Wenn Worte fehlen, sprechen Bilder* (S. 124–139). Kösel Verlag.

Mahler, M., Pine, F., & Bergman, A. (1980). *Die psychische Geburt des Menschen. Symbiose und Individuation*. Fischer Verlag.

Mancke, F., Schmitt, R., Winter, D., Niedtfeld, I., Herpertz, S. C., & Schmahl, C. (2018). Assessing the marks of change: How psychotherapy alters the brain structure in women with borderline personality disorder. *Journal of Psychiatry & Neuroscience, 43*(3), 171–181.

Neacsiu, A. D., Lungu, A., Harned, M. S., Rizvi, S. L., & Linehan, M. (2014). Impact of dialectical behavior therapy versus community treatment by experts on emotional experience, expression, and acceptance in borderline personality disorder. *Behaviour Research and Therapy, 53*, 47–54.

Niedtfeld, I., & Schmahl, C. (2012). Emotionale Dysregulation bei der Borderline-Persönlichkeitsstörung. *Zeitschrift für Psychiatrie, Psychologie und Psychotherapie, 60*(3), 185–193.

Schmahl, C., Bohus, M., Esposito, F., Treede, R. D., Di Salle, F., Greffrath, W., & Seifritz, E. (2006). Neural correlates of antinociception in borderline personality disorder. *Archives of General Psychiatry, 63*, 659–667.

Schmahl, C., Niedtfeld, I., & Herpertz, S. C. (2018). Borderline-Persönlichkeitsstörung. Veränderung der Hirnstruktur und -funktion durch Psychotherapie. *Nervenarzt, 89*, 1232–1236.

Schnell, K., & Herpertz, S. C. (2007). Effects of dialectic-behavioral-therapy on the neural correlates of affective hyperarousal in borderline personality disorder. *Journal of Psychiatric Research, 41*, 837–847.

Schuster, M. (2000). *Psychologie der Kinderzeichnung*. Hogrefe.

Schütz, H. (2005). Raum in der Kunst/Kunst im Raum: White-cube-Transformationen. *Informationen zur Raumentwicklung, Heft, 1*, 27–32.

Sell, M. (2012). Kunst, Beziehung und Transzendenz. *Musik-, Tanz- und Kunsttherapie, 23*(4), 200–208.

Snyder, J. (2002). Sichtbarmachung und Sichtbarkeit. In P. Geimer (Hrsg.), *Ordnungen der Sichtbarkeit* (S. 142–167). Suhrkamp Verlag.

Soloff, P. H., Abraham, K., Ramaseshan, K., Burgess, A., & Diwadkar, V. A. (2017). Hypermodulation of brain networks by the amygdala among women with borderline personality disorder: Network signatures of affective interference during cognitive processing. *Journal of Psychiatric Research, 88*, 56–63.

Stanoeva, A. (2016). Bunte Lebensspuren: Kunsttherapeutische PapierMosaik Methode. *Kunst & Therapie, 2016*(1), 56–63.

Stanoeva, A. (2018). Bewegung. Verortung. Abgrenzung. Gruppendynamische Prozesse in der Kunsttherapie bei Menschen mit Borderline-Persönlichkeitsstörung. *Musik-, Tanz- und Kunsttherapie, 2018*(1), 72–94.

Stanoeva, A. (2022). The art is present? – Neue Kommunikationswege und Präsenz in Zeiten von COVID-19. *Kunst & Therapie, 2022*, 40–58.

Stanoeva, A. (2025). *Response art. Die therapeutische Präsenz als Potential für Veränderung im kunsttherapeutischen Prozess*. Springer Verlag. ISBN 978-3-658-47570-3.

Steiner, J. (1993). *Orte des seelischen Rückzugs. Pathologische Organisationen bei psychotischen, neurotischen und Borderline-Patienten*. Klett-Cotta.

Steiner, J. (2014). *Seelische Rückzugsorte verlassen. Therapeutische Schritte zur Aufgabe der Borderline-Position*. Klett-Cotta.

Titze, D. & Hellinger, T., HfBK Dresden (Hrsg.). (2007). *Wir Sind schon da. Ein Körper-Bild-Projekt*. Sandstein Verlag.

Weiß, H. (2009). *Das Labyrinth der Borderline-Kommunikation*. Klett-Cotta.

Winnicott, D. W. (1971). *Playing and reality*. Jessica Kingsley Publishers.

Winter, D., Schmahl, C., & Krause-Utz, A. (2015). Neurowissenschaftliche Forschung und Psychotherapie bei der Borderline-Persönlichkeitsstörung. *Zeitschrift für Psychiatrie, Psychologie und Psychotherapie, 63*(2), 97–107.

FSC
www.fsc.org
MIX
Papier | Fördert gute Waldnutzung
FSC® C083411

Kolibri 360 GmbH
Ferdinand-Jühlke-Straße 7
99095 Erfurt, Deutschland
produktsicherheit@kolibri360.de